Dieses vorliegende Buch ist Teil der Buchreihe „Einweihungen", in welcher ich über die mir gegebene Gabe der Kommunikation mit feinstofflichen Energien das Bewusstsein für die geistigen Welten erwecken und die Kommunikation mit ihnen fördern möchte.

Dieses Buch ist deiner Seele gewidmet.

Mögen diese Botschaften uns lange überdauern
und bis in alle Ewigkeit in unseren Seelen klingen.

Impressum

© 2022 by Silverline Publishing
Herstellung: BoD – Books on Demand
Cover- und Buchgestaltung: Anja Jakob; www.ey-jay.com
Lektorat: Birgit Groll, Benediktbeuern; www.birgit-groll-coaching.de
Grafik Stockerpoint

ISBN: 978-9962-702-19-1

Kontaktinfo Sylvia Leifheit
www.sylvialeifheit.de
contact@silverline-publishing.com

Bücher aus der Silverline Publishing gibt es in jeder Buchhandlung
und in den bekannten Online-Shops.

Geliebter Mensch,
geliebte Seele,

Geburt und Tod. Beide sind sie so sehr Teil des Lebens wie das Leben selbst, doch niemand weiß so richtig, was sich hinter diesen Prozessen verbirgt. Die Unzahl an offenen Fragen gibt viel Raum für Märchen, doch vor allem für Ängste. Und wo Ängste sind, da sind Religionen meist auch nicht weit, um sich diese zunutze zu machen und über Glaubensmuster noch mehr Abhängigkeit zu kreieren.

Als Kriegerin des Lichtes möchte ich meine Gabe einmal mehr dafür einsetzen, diesen Teufelskreis zu durchbrechen und den Menschen Zugang zu kosmischen Wahrheiten verschaffen.

Aufklärung ist auch in der Menschenwelt ein wichtiger Impuls, um eine Gesellschaft aus den alten Mustern und Systemen herauszuführen. Und gleiches gilt für die Seelenwelt, der ich über diese Form der Vermittlung von Wissen neue Impulse der Befreiung geben kann, um dadurch das höchste, kosmische Ziel, die Freude, einmal mehr zu fördern.

Es ist an der Zeit, die Wahrheiten des Kosmos neu zu formulieren, nicht in Angst und Dunkelheit sondern in Licht und Liebe, Freude und Freiheit, aber auch in Klarheit und nicht mit esoterischen Phrasen.

Auf meiner Suche nach Antworten zu den Themen Geburt und Tod hat sich mir Anubis vorgestellt. Dieses Energiefeld eröffnete mir dankbar und bestimmt das wirkliche Wissen zu den Geheimnissen der Übergänge und nutzte gleichzeitig die Möglichkeit, mit den falschen Mythen und Märchen, die um seine Figur ranken, aufzuräumen.

Und natürlich ist auch mein alter Freund und Lehrer „Freund der Indianer" ein sehr hilfreicher, sehr praxisnaher Unterstützer bei diesem Werk gewesen.

Wenn du bereit bist, den Kosmos zu verstehen und dafür alle deine Glaubensmuster über Bord zu werfen, dann bist du bereit für diese Einweihung.

Liebe Menschen, bitte hört auf zu „glauben", tretet ein in das Vertrauen in eure Impulse und lebt dieses WISSEN.

Danke.
Liebe.

Inhaltsverzeichnis

I. Das Buch Anubis

II. Das Buch Freund der Indianer

III. Das 1x1 der Rituale

V. Epilog

*aus dem Buch „Einweihung in die Geheimnisse des Kosmos"

8

„Bewusstsein und Liebe sind feinstoffliche Elemente,
wie Feuer, Wasser, Luft und Erde Elemente unseres Planeten sind."
Sylvia Leifheit

Einleitung

Das Leben ist dazu da, in Freude schöne Erfahrungen zu machen und im besten Fall nur Liebe zu geben. Jedes andere Gefühl, das nicht mit Liebe unterstrichen ist, und jede Tat, die nicht aus einem lieben-den Herzen entsteht, ist nicht im Einklang mit dem Kosmos und wird Resonanzen hervorrufen, die sich vielleicht in Krankheit oder ande-ren negativen Erfahrungen widerspiegeln werden.

Tatsache aber ist, dass es keinen Grund gibt, nicht im Einklang mit den Gesetzen zu handeln. Nicht einmal das Vergessen, das mit der Wahrnehmungsveränderung im Inkarnationsprozess einhergeht, darf die Verantwortung von uns nehmen - im Gegenteil. Jeder Mensch ist für sich selbst und seine Taten verantwortlich. Also muss auch jeder Mensch in dieser Eigenverantwortung den Prozess der Erkenntnis und damit der Reinigung ganz alleine durchwandern. Niemand kann ihm das abnehmen.

Lediglich um kosmische Hilfe können wir bitten, doch auch diese kann nur dort wirken, wo wir wirklich dazu bereit sind.

*

Seit meiner frühen Kindheit bereise ich andere Welten. Wenn ich aus meinem Körper „heraustrat", war das oft verbunden mit dem Gefühl, als würde man mir einen Panzer abnehmen. Ich fühlte mich federleicht und frei von allen Zwängen des weltlichen Seins. Kehrte ich dann wieder zurück, fühlte es sich an, als würden mir tausend Tonnen schweres Blei um den ganzen Körper gelegt werden und alles wurde beklemmend und unangenehm heiß. Schon früh begann ich die Erlebnisse in den anderen Wahrnehmungswelten aufzuzeichnen.

Doch im Laufe der Jahre wuchs der Druck der „Armee Menschheit", wie ich sie nenne, mich doch den Regeln und Gesetzen des irdischen Seins anpassen zu sollen. Eingebunden in feste Strukturen fügte ich mich dem, und mit jedem Tag, an dem ich meine Gedankenfreiheit aufgab, verschwand meine Fähigkeit des Bereisens anderer Bewusstseinsebenen.
Bis ich sie fast vergessen hatte.

Doch eines Tages, inmitten einer ganz normalen Nacht, erinnerte sich meine Seele wieder an den Zustand der Freiheit. Das Tor wurde wieder geöffnet und ich schwor mir, von nun an nie wieder die Wahrnehmung der Getrenntheit, die die Menschen leben, als meine eigene Wahrnehmung zu akzeptieren.

In meiner Wahrnehmung gab es nie eine Trennung zwischen den Menschen und den feinstofflichen Energien. Im Gegenteil. Die Menschen kamen mir immer wie die Schüler einer Vorschule vor, die auf ihre sehr unbewusste und vernebelte Art versuchten, die Welt zu beherrschen, dabei jedoch noch nicht einmal das ABC konnten. Dementsprechend missverständlich betrachteten sie meine Art zu denken und zu handeln - bis ich es aufgab, die Gedanken zu teilen. Die Lieblosigkeit der Menschen ist vielfältig und ich hatte schlicht und ergreifend keine Lust mehr, sie zu provozieren. Also tat ich einerseits so, also sei ich Teil der „nie hinterfragenden und immer nur alles ausführenden Armee Menschheit" und andererseits erweiterte ich meine Gabe von Jahr zu Jahr immer mehr.

So lebte ich in dauerhafter Kommunikation mit Elfen, Zwergen, Engeln, Meistern, Lehrern, Schutzgeistern, Verstorbenen, hohen Energien aus Ebenen, die keinerlei Form mehr kennen - und so vielen mehr. Sie waren und sind Teil des Ganzen - wie wir alle Teil eines Ganzen sind.

Eine mich immer begleitende Kraft ist meine Neugier. Und vor allem ist es die Neugier, den Kosmos zu „verstehen". Wie eine feinstoffliche Wissenschaftlerin nutze ich meine Gabe der Kommunikation mit feinstofflichen Energien, um von ihnen Wissen zu erfahren. Nichts was ich jemals geschrieben habe oder schreiben werde, habe ich in anderen Büchern gefunden. Die Suche dort nach Antworten habe ich sehr schnell aufgegeben, da ich niemals eine derartige Vielfalt an Erklärungen für die wirkliche Ganzheit fand, wie ich sie erfuhr, wenn ich mit den feinstofflichen Energien Kontakt aufnahm.

Der Weg ist das Ziel und so hat mich der Forschergeist in mir immer weiter und weiter geformt, bis ich eines Tages vor dem Medium Joao de Deus stand, weil ich selbst aus den feinstofflichen Welten bis dato keine Antwort bezüglich meiner immer schwächer werdenden Augen finden konnte. Also hoffte ich, dass mir dort geholfen würde. Das

wurde es, doch wie ich jetzt weiß, waren meine Augen nur ein Anker
in eine Richtung, die ES in mir leben wollte. Denn ziemlich gegen
Ende meiner ersten Reise zu Joao und den Wesenheiten sprach die
Wesenheit aus ihm: „Du wirst eine Gabe entwickeln.“

Für den Leser dieser Zeilen mag das nicht sehr „besonders“ klingen,
doch für mich bedeutete dieser eine kleine Satz die Welt. Denn ich
wusste, es gibt jemanden, der meine Fähigkeit erkannte und mich
sogar auch noch darin bestätigte. Ich fühlte mich wie ein Kind, das
sich schon damit abgefunden hatte, immer alleine mit sich auf der
Welt zu sein und das nun von jemandem an die Hand genommen
wurde, der ohne Worte genau wusste, was des Rätsels Lösung war.
Deshalb war dies nicht nur irgendein Satz für mich, sondern die Be-
stätigung, wieder mehr zu dieser Fähigkeit zu stehen und sie noch
deutlicher zu leben.

Von da an veränderte sich meine innere Haltung mit jedem Schritt
und jeder Antwort aus der geistigen Welt. Ich entwickelte mich zu
einem Menschen, der die Verbindung mit allem bewusst erfährt und
lebt und in dauernder Kommunikation mit anderen Ebenen und deren
Energieformen steht.

Und damit war der Startschuss gegeben, das erste Buch mit dem bis
damals erfahrenen Wissen zu veröffentlichen. Das 1x1 des Seins
fasst dieses Wissen zusammen und soll so einen ersten Einblick in
die Ewigkeit geben, wie sie sich meinem forschenden Geist, seit
ich denken kann, offenbart. Jeder, der sich für das Wieso, Weshalb,
Warum des Kosmos interessiert, findet dort erste Antworten.

Die Gabe hat sich weiter entfaltet. Ich kommuniziere mit Verstorbe-

nen, mit Wesenheiten aus unterschiedlichen Ebenen und mit Tieren. Alles, was durch Bewusstsein belebt wird, trägt Informationen, die, wenn es erlaubt ist, gelesen werden können.

Um den Leserinnen und Lesern dieses Buches eine kleine Grundlage mit auf den Weg zu geben, will ich eine kleine Einführung in die kosmischen Gesetze geben, wie ich sie von den Wesenheiten der anderen Ebenen gelehrt bekommen habe. Das kann helfen, die kommenden Kommunikationen mit den Wesenheiten besser zu verstehen und einzuordnen. Daher bitte ich, dies vor den Botschaften dieses Buches sorgfältig zu lesen.

1. Ein bestimmter Teil des kosmischen Wissens erreicht die Menschen immer nur zu einer bestimmten irdischen Zeit. Das hat kosmisch-energetische Ursachen.

2. Wissen ist Verantwortung. Verändern sich die kosmisch-energetischen Umstände, so verändert sich die Wahrnehmung der Menschen und damit ihr Bewusstsein. Dies geht eng einher mit der Verantwortung, die es zur Umsetzung des erlangten Wissens in der Materie bedarf. Je bewusster ein Wesen, umso verantwortungs- und respektvoller sein Umgang.

3. Der menschliche Organismus unterliegt Naturgesetzen, doch auch diese unterliegen in der Fortführung den kosmisch-energetischen Gesetzen. Diese Gesetzmäßigkeiten sind dafür verantwortlich, welches Wissen die Menschen erreicht haben und wie sie es »übersetzen«, verstehen und aufnehmen. Der Mensch wirkt also als Filter, durch den diese Energien in Form von Wissen fließen können. Die Bildung des Betrachters, des Filters Mensch, ist zusätzlich entscheidend dafür, wie das eintreffende Wissen dann gedeutet, formuliert und ver-

standen wird. Aus diesem Grund sind beispielsweise unsere bisherigen Naturwissenschaften keine Wissenschaften der Natur, sondern Wissenschaften der menschlichen Interpretation der Natur.

4. Die Dimensionalität eines Planeten erschafft die Wahrnehmungsmöglichkeiten der Wesen, die auf ihm leben. Unsere dreidimensionale Wahrnehmung gibt die Grenzen vor, in denen das Wissen verstanden werden kann. Ein anderer Planet schafft andere Voraussetzungen. Auch andere Körperlichkeiten können andere Sinne hervorbringen und somit dieselbe Information ganz anders wahrnehmen. Vierdimensionalität lässt vierdimensional wahrnehmen usw.

5. Alles, was du aus der Vergangenheit an Wissen irgendwo niedergeschrieben findest, galt für die damalige Zeit und das damalige Bewusstsein, für den »Filter« dieses Menschen und der Gesellschaft, für die Bildung und das Glaubenssystem, in die dieser Mensch eingebunden war.

6. Deshalb bewahre dir immer die Offenheit und die Neugier, dieses alte Wissen nicht als das einzig Geltende und Richtige anzuerkennen, sondern achte auf die Interpretationen der damaligen Zeit. Und solltest du Impulse haben, bestimmte Dinge anders zu sehen, dann gehe ihnen nach und gib ihnen Raum.

7. Denn das Wissen des Universums ist so allumfassend, dass wir immer nur ein Stück von ihm verstehen und auch wirklich aufnehmen können. Das bisher kommunizierte Wissen ist ein Teil davon, doch das, was du heute empfängst, ist ein weiterer Teil, eine weitere Stufe.

8. Es gibt keine Grenzen, und alles ist möglich – nur allein mit dem Bewusstsein. Das Bewusstsein ist ins Unendliche erweiterbar und dehnbar.

9. Die Energie in uns nutzt die unterschiedlichen Ausdrucksformen der Materie, um das Bewusstsein zu formen und über die Körperlichkeit das Wissen zu erfahren. Das Bewusstsein ist dabei der Schlüssel, wie die Erfahrungen aufgenommen, verarbeitet und verstanden werden.

10. Nur die Bewusstwerdung allen Seins in allen Formen, in allen Möglichkeiten und Frequenzbereichen bedeutet, die Ganzheit des Seins zu erfahren. Es gilt nicht nur, zu wissen, sondern das Wissen zu werden. Dann BIST du ganz, weil dein Bewusstsein alles Sein durchdringt.

Meine Gabe ist es, Energien so stark zu „fühlen", als seien sie Teil meines Körpers. Jeder noch so kleine Muskel wird dabei durch diese feinstofflichen Energien gelenkt. Ich habe im Laufe der Zeit durch viele Übungen einen Weg gefunden, das Wissen dieser Energien so zu kanalisieren, dass es für uns verständlich wird.Dabei begebe ich mich in einen meditativen Zustand, vollziehe bestimmte Regeln des Schutzes und dann lasse ich die jeweils erfühlte Energie durch die Bewegung meiner Muskeln schreiben. Im wahrsten Sinne des Wortes schreiben sich die Buchstaben einer nach dem anderen von Geisterhand. Nie weiß ich, wenn der erste Buchstabe sich schreibt, welches Wort sich schließlich formen will. Dies fordert meine vollste Hingabe und Konzentration, doch ist dieser meditative Zustand gleichzeitig sehr entspannend und gibt mir unendlich viel Kraft. Die kosmische Energie, die dabei ungebremst durch mich fließt, nimmt mir keine Kraft sondern erfüllt mich ausschließlich mit einem sehr weiten, unendlichen Gefühl an Liebe und Vertrauen.

Die Antworten des Kosmos fließen sehr schnell im Vergleich zu unseren menschlichen Abläufen, sodass ich im Laufe der Zeit diese Art des „Schreiben lassens" etwas verfeinern wollte und einen Weg fand, der nicht mehr an das Schreiben auf Papier gebunden ist, sondern die Hand in der Stellung eines bestimmten Mudras ohne Stift bewegen läßt.

Ich befinde mich während der Gespräche in einer anderen Wahrnehmung, die derjenigen ähnlich ist, wenn wir träumen. Das hat „leider" zur Folge, dass ich mir keine der Antworten merken kann. Und da sich die Botschaften nun nicht mehr auf Papier schreiben, spreche ich das, was sich schreibt, gleichzeitig laut aus und lasse dabei immer ein Band laufen. Das ermöglicht, dass ich einerseits jede einzelne Antwort wortgenau festhalten kann und gleichzeitig ermöglicht es eine vielfachere Geschwindigkeit. als die, wenn die Botschaften sich über einen Stift und der möglichen Bewegung auf dem Papier festhalten würden. Du liest daher den direkten Dialog, genau so wie er sich schrieb. Die Energien/Wesenheiten, die ich dabei kontaktiere, nutzen meinen Wortschatz und mein Wissen, um die Antworten zu schreiben. Es ist, wie den Finger in ein Meer aus Informationen zu halten aber nur mit meinen Messgeräten diese dann verständlich für die Menschen aufzubereiten.

Ich werde und darf die Antworten der Wesenheiten niemals verändern, da ich als Kanal diene und nicht als wertender Filter. Das eine oder andere Mal mag es etwas ungewohnt sein, einen mündlichen Dialog zu lesen, doch es vermittelt gleichzeitig auch ein Gefühl für das jeweilige Wesen.

Jede Antwort formt meine weiteren Fragen. Ich setze unbewusst das Wissen aus all den vorherigen Antworten voraus, daher ist es in jedem Fall ratsam, dass ihr die anderen Werke auch einmal gelesen habt.

Außerdem beanspruche ich auf keinen Fall, dass das, was ich auf diesem Weg erfahre, die einzig richtige Beschreibung des Unsichtbaren sein soll. Es ist MEIN Zugang, meine Gabe, aus meiner Perspektive und meinem Kraftpotential. All dies wandelt stets. Daher ist das hier festgehaltene in jedem Fall „nur" eine Momentaufnahme meiner Wahrnehmung in diesem Leben, durch diesen Körper, in dieser Kraft

∞

meiner Seele. Sicher gibt es noch viele andere wunderbare Seelen, die ähnlich wahrnehmen - oder auch nicht. Das ist wertfrei und sollte es in jeder Richtung bleiben. Auch ich bewahre mir diese Offenheit, um weiter wachsen und dehnen zu können. Dennoch teile ich sehr gerne diese Momentaufnahme der Erkenntnis mit euch.

Kein Mensch und auch keine Wesenheit ist allwisswend, doch schenken sie uns in diesen Dialogen gerne ihre Art der Wahrnehmung. Die Durchsagen fordern daher von den Lesern auch eine gewisse Bereitschaft, die alten Formen unseres Glaubens in Frage zu stellen und einmal aus einer anderen Perspektive zu betrachten.

Ich wünsche dir viele erweiternde Erkenntnisse und vielleicht auch die Antworten auf schon lange unbeantwortete Fragen. Wenn du wirklich bereit bist und dich öffnest, wirst du sie hier finden!

Sylvia

PS: Vor jeder Session beginne ich mit den Worten:

„Ich bin bereit, ich vertraue. Ich bitte um die Erlaubnis, den Schutz und die Verbindung mit ... in diesem Buch: Freund der Indianer."

Ich rate auch Dir, diese Worte immer zu sprechen, wenn Du Dich mit diesem Buch beschäftigst. Es ist Erlaubnis, Schutz und Führung zugleich.

20

Das Buch Anubis

Einführung

Wir beginnen mit den Aufzeichnungen zu Anubis. Ich bitte um die
Erlaubnis, den Schutz und die Verbindung mit der Wesenheit Anubis.
Ich begrüße dich Anubis.
Wir beginnen ein Werk, das der Welt der Menschen davon erzählen
soll, was deine Geschichte, deine Hintergründe und vor allem deine
Aufgaben sind, und wir möchten sie aufklären, was genau der Über-
gang bedeutet. Bist du bereit?

Ja.

Du kannst beginnen, wie immer du möchtest. Bitte sprich.

*Solange die Menschen das Leben als einzige Form des Seins
wahrnehmen, sind sie die verlorenen Kinder des Kosmos.
Weil wir die Möglichkeit haben hier miteinander zu kommunizieren, freue ich mich, dass wir einen weiteren Versuch beleben, diese Kinder des Kosmos wieder mit dem wirklichen
Wissen in ihnen und damit mit ihrer Ganzheit zu verbinden.
Das Leben, wie ihr es kennt und wie ihr es lebt, wird sich wandeln, wenn die Erkenntnisse des Todes in euer Bewusstsein in
euch auferstehen.*

Lieber Anubis, hast du einen Wunsch an die Abfolge dieses Werkes?
Wo möchtest du beginnen? Was liegt dir am Herzen?

Weise Fragen bitte. Deine lustigen unterhaltsamen Fragen

sind nicht meine Materie.

Ich verstehe, du möchtest in Würde und Respekt gefragt werden.

Genau.

Lieber Anubis, dann bitte ich dich, dass du uns Schritt für Schritt in dieses Thema führst, sodass jeder, der es liest, mit einfachen Worten verständlich eingeführt wird in dieses komplexe Thema.

Wirklich einfach?

Nun ja, so einfach wie möglich.

Alles, was der Kosmos hervorbringt ist vielschichtig und viel-fältig. Das Einfache ist das Menschliche.

Ja, das verstehe ich. Dann bitte ich dich, diese Vielfalt so verständ-lich es nur geht zu kommunizieren, bitte.

Ich verstehe.

Lieber Anubis. Du warst und bist zumindest bis heute in den Büchern Ägyptens eine besondere Figur. Kannst du mir aus deiner Sicht, mit deinen eigenen Worten etwas zu deiner Herkunft berichten? Dann bitte ich dich, beginne.

Das Wirken, das ihr kennt in einem Körper, war nie meine In-tention und auch nie mein Begehr. Das Lieben wie Menschen es wahrnehmen war nie mein Ziel. Dauerhaft inkarnieren war

nicht mein Weg. Ich war das Wesen der unteren Welten immer schon, weit ab von dem, was ihr kennt. Daher kann ich keine Berichte über Geschichten meiner Ausflüge in die materiellen Formen der Planeten liefern, sondern ausschließlich die Beschreibung meines Wandelns in den feinstofflichen Welten. Das weite und kraftvolle Wirken in ihnen war meine Heimat und ist dies bis heute.

*Weil die ägyptischen Vorfahren deiner Zeit die Fähigkeiten hatten, das, was du gerade tust, über andere Möglichkeiten und Talente zu erfahren, war ich ihr Wächter des Übergangs. Doch weit mehr als das bin ich. Wenn du weise wandelst im Universum der Wahrnehmungen, dann begegnest du dem einen als Anubis, dem anderen als Akor, dem wieder anderen als Ferran. Die Namen sind unendlich, doch das Wesen bin immer ich. **Die Wesenheit der wachenden Energie des Momentes des Übergangs der Seelen von dem Leben in einen Körper in das Leben ohne einen Körper und wieder zurück.***

Heißt das, du bist also auch dabei, wenn Seelen in Körper inkarnieren?

Ja.

Ach, das ist ja interessant. Also bist du die Energie, die immer darüber wacht, wenn so ein Prozess vonstatten geht. Weißt du, warum es so eine Energie braucht?

Danke für diese Frage.
Wenn Kräfte in Übergängen sich befinden, beginnen sie Spannungen ausgesetzt zu sein. Diese Spannungen der verschie-

denen Ebenen zueinander und miteinander existieren nur für einen Moment, doch sie sind essenziell. Ich bin das ausgleichende Wesen dieses Momentes und ich helfe den Energien, in ihrem Fluss zu bleiben. Das ist nicht immer sehr leicht, denn wer eben noch feinstofflich war und plötzlich in einem materiellen Körper weilt, hat verschiedene Problematiken, die ihn besonders belasten, und genauso ist es in der Auskörperung. Das eben noch warme Gefühl des Körpers verlässt die Seele und übrig bleibt die Leere des Kosmos, dabei fühlt sich die Seele nicht immer sehr wohl. Diese ganzen Prozesse werden von mir begleitet und bewacht.
Daher bin ich der stille Wächter dieses Momentes.

Dann wird das also ein Buch über den Übergang, aber nicht nur in die eine Richtung, sondern auch in die andere?

Genau.

Ich möchte gerne kurz noch einmal zurücklenken zu deiner Herkunft. Bist du als Wesenheit eine Form, die schon immer diese Form hatte, oder hast du dich entwickelt?

Das war schon immer so, wie es ist. Ich war immer schon, was ich bin und ich werde es immer bleiben. Die Aufgabe verlangt es von mir und nichts in mir treibt mich in andere Sehnsüchte.

Aber der Kosmos ist im Wandel und es kann doch trotzdem sein, dass dies passiert.

Nein.

Bist du eigentlich eine Energie wie eine Seele oder wie kann ich mir dich vorstellen - rein bildlich?

Weiß in der Farbe.

Und hast du eine Form ?

Nein.

Aber es muss doch eine Form geben. Bist du ein Energiefeld?

*Die weiße Farbe des Kosmos befindet sich überall wie die Luft um dich herum. Das bedeutet, dass ich keine Form habe, wie du sie kennst, doch ich **bin**, und ich bin bewusst in dem, was ich tue. Du fragst aus einer Art mathematischen, linearen und graphischen Verständnisses heraus, doch Geometrie kann ich dir hier nicht bieten. Du zapfst die Frequenz dieser bewussten Form an und diese bewusste Formlosigkeit, die ich habe, wird dir weiter antworten.*

Aber in Ägypten zum Beispiel haben sie dich schwarz dargestellt.

Dazu kann ich nichts sagen. Diese Bilder sind Märchen der Menschen. Das ist vielleicht hilfreich gewesen, um die damalige Zeit in ihrem Verständnis von Leben und Tod besser zu verstehen, doch letztlich war ich niemals schwarz und ich werde es auch nicht sein.

Und soweit ich mich erinnere, wurdest du als Schakal dargestellt, so siehst du also nicht aus?

∞

Nein.

Weil die Menschen damals Schakale wie die dortigen Tiere des Übergangs zwischen Leben und Tod bezeichneten, gaben sie mir diese Form, doch ich betone es gerne noch einmal, ich habe keine solche Form. Du kommunizierst mit dem Energiefeld des Kosmos, das ich bin und welches immerdar wirkt, wenn Seelen oder Wesenheiten in Körper inkarnieren oder eliminieren.

Eliminieren? Meinst du wirklich eliminieren ?

Eliminieren wäre das ausreichende Wort, denn, weil der Körper von der Seele getrennt wird, ist es ein Eliminierungsprozess.

Mhm, verstehe. Du bist also ein Energiefeld, groß, weit, unbeschreiblich und immerdar. Damit ich ein Gefühl von deiner Größe und der Weite bekomme, möchte ich gerne kurz mit dem Wissen, das ich bis jetzt habe, fragen, inwiefern du vielleicht mit einer anderen Kraft vergleichbar bist? Geht das? Kann man das fragen?

Ja.

Kannst du mir einen Vergleich nennen?

Du weißt doch, wie alles durchdringend die Quelle wirkt. Diese Kraft ist auch überall und immerdar. Diese Kraft wirkt überall, wo Leben existiert und sogar dort, wo ohne Leben nur Materie existiert. Dabei fließen die Energien der Quelle durch die materiellen Formen hindurch und erschaffen über die Schwingungen ihrer eigenen Frequenzen die unterschiedlichen Formen der Materie. Wenn du nun deine Aufmerksamkeit auf mich lenkst, dann bin ich Teil dieser Quelle wie Alles, aber ich trage in mir das Bewusstsein des Ausgleichs der divergierenden Energien und wirke mit diesem Bewusstsein in diesem Prozess. Verstehst du?

Ich verstehe. Das heißt, du bist keine erschaffende Kraft, wie die Quelle es ist, sondern eine ausgleichende?

Ja. Genau.

Ah ... Das ist sehr interessant und gibt ein sehr verständliches Bild davon, wie du wirklich wirkst. Das heißt, man kann den Menschen übermitteln, dass du wie ein Teppich einer ganz bestimmten Frequenz durch alles hindurch existierst und immer dann, wenn du gebraucht wirst und wenn es nötig ist, dass Ausgleich geschieht, du ausgleichst?

Ja.

Was wäre denn, wenn es dich nicht gäbe?

Dann wäre die Wirkungskraft der Seelen um ein Vielfaches schwächer durch die Prozesse der Inkarnationen, denn jede Geburt und jeder Austritt der Seelen aus den Körpern bedeutet eine kritische Phase. Dieser Prozess aber wird durch meine Existenz beschützt und balanciert diese Gefahr.

Könnte man sagen, wenn diese Divergenz dieser Spannung nicht da

wäre, dann bräuchte es dich gar nicht?

*Nein. Weil du dadurch den Kosmos in Frage stellst, doch alles, so wie es ist, hat seine Bedeutung, war immer schon so, wie es ist, wahrhaftig und richtig so, wie es ist, und wird es immer auch bleiben. Daher weilen die Kräfte weiter in ihren bestehenden Funktionen, sie **sind** diese.*

Entschuldige bitte, wenn ich noch ein kleines bisschen tiefer gehe. Das heißt, du bist so sehr Bestandteil des Kosmos wie die Quelle selbst und es stellt sich nicht die Frage: Was wäre wenn? Denn du bist Teil dieses Prozesses von Stirb und Werde - und den Prozess selbst gäbe es gar nicht, wenn auch du nicht wärst? Kann man das irgendwie so sagen?

Nein, weil das Leben wie auch das Beleben von organischen Körpern weit mehr ist, als ihr jemals verstehen werdet. Daher bitte belasse es dabei, dass das Sein meiner Aufgabe immer schon so, wie es ist, war und sein wird, richtig und genauso gedacht war. Keine Wesenheit wirkt nur als Vertreib wie eine Blume durch den Äther - ohne Bewusstsein, als reiner Bestandteil der Natur des Kosmos. Alle sind sie beschäftigt in der Ordnung des Kosmos.

Wieso nimmst du als Vergleich eine Blume im Äther?

Du beschreibst doch auch die Natur deines Planeten gerne mit den schönen Bildern dieser Natur, richtig?

Ja.

∞

Daher habe ich auf dein Bewusstsein zurückgegriffen und dieses Bild aufgegriffen. Die Blume im Äther ist etwas, das Schönheit bringt und wie in eurer Welt wirkt, doch niemals ohne Aufgabe. Jede einzelne der Blumen eurer Natur hat dazu beigetragen, dass die Natur so existiert, wie sie existiert. Aber sie besitzt kein Bewusstsein. Sie ist Teil von etwas großem Ganzen, aber anders als wir das sind.

Hmm ... als Teil des Ganzen, verstehe?

Das meine ich.

Und du meinst, dass ihr nicht taumelnd und ziellos seid, sondern dass ihr bewusste Ziele habt und dass ihr tatsächlich gerne das tut, was ihr tut und dass es sinnvoll ist.

Absolut.

Okay, also kommen wir weg von dem Bild des schwarzen Schakals aus Ägypten.

Darum bitte ich dich.

Und wir kommen in die Breite eines weißen Meeres, einer Energiefrequenz, die überall wirkt.

Darum bitte ich dich, ja.

Gibt es wirklich keinen Ort im ganzen Kosmos, an dem du nicht wirkst?

∞

Das weiß ich nicht. Doch soweit ich mich erinnere, gibt es keinen.

Hmm ... es kann ja vielleicht auch sein, dass es bestimmte Bauten gibt, die in deinen Prozess eingegriffen haben, ohne es zu wissen. Also zum Beispiel, wenn jemand in einer Pyramide gestorben ist. Vielleicht hattest du dort weniger Eingriffsmöglichkeiten, weil dort eine ganz andere Energetik herrschte als in der Natur.

Eine weise Frage, Liebes. Dort hatte ich in der Tat weniger Kraft, aber weißt du, warum das nicht schlimm war?

Hmm ... also nach dem, was ich bis jetzt weiß, fand in der Pyramide so viel Energiebeschleunigung und Anhebung statt, dass dies wahrscheinlich sowieso schon relativ nah an dem Zustand des gar-nicht-mehr-existieren in einem Körper war, und man vielleicht durch diese Beschleunigung, sofern das stimmt, von alleine ohne Körper sein konnte - ich weiß nicht, sag es mir bitte in deinen Worten.

Du beschreibst alles etwas wenig ausgeformt.
Die Pyramiden selbst haben dazu beigetragen, wenn eine Seele in ihr weilte, das Austreten dieser zu ermöglichen, ohne den Körper dabei zu schädigen. Daher war es tatsächlich ähnlich deinen Worten, aber letztlich viel mehr. Daher hat es mich dabei nicht so gebraucht, wie wenn die Menschen aus einem unbewussten und sehr schwachen Zustand in den Übergang treten, doch dazu später.

Okay, also das war ein Ort, an dem du sowieso nicht sehr viel gebraucht wurdest, du aber dennoch anwesend warst, oder?

∞

Ja, weil die Befreiung der Seele leider nicht nur über das Austreten aus dem Körper ablief, sondern auch Begleitung brauchte in die Formen des Kosmos hinein, wie auch die Rückführung in den Körper zurück. Daher war ich dabei immer vor Ort, wie ihr es nennen würdet, doch weniger als wenn die normalen Übergänge vonstatten gingen.

Hmm ... dazu würde ich gerne später ein bisschen tiefer gehen. Erlaubst du mir das? Ich finde das ganze Thema unglaublich interessant, gerade was die Abläufe in den Pyramiden damals betrifft. Aber wir waren bei einer anderen Frage. Wir waren bei der Frage, ob es noch andere Räume gibt, in denen du nicht wirken konntest. Also zum Beispiel technische Räume, die vielleicht magnetisch so abgeschirmt waren, dass du dort nicht so eindringen konntest oder kannst.

Ja, derartige Ausformungen gibt es tatsächlich. Das Wirken meiner Kraft geht jedoch über diese materiellen Formen hinaus, denn wie eine Frequenz durch bestimmte Materie hindurch wirkt, so wirke ich natürlich auch durch die Materie hindurch, die diese Abschirmungen vollzieht. Alles in Allem bedeutet das, dass mich letztlich keine Kraft wirklich abneigend vermeiden kann, denn ich bin wie die Kraft der Quelle überall und immerdar, wirke durch alles hindurch und gleiche die Spannungsfelder der Übergänge aus.

Das hab ich verstanden. Nun, ich habe gelernt, dass es verschiedene Ebenen gibt, obwohl alles natürlich ineinander übergeht, aber kannst du mir sagen, auf welcher Frequenzebene du einzuordnen bist in dieser Skala, die sich mir bisher gezeigt hat? Bist du unten, oben, in der Mitte - wie kann ich mir das vorstellen?

∞

Weil du mit den Begriffen oben und unten fragst, antworte ich dir mit der Antwort: Ich wirke durch die letzten belebenden Ebenen hindurch, also befindet sich meine Frequenz oberhalb der Verstorbenen aber unterhalb der feinstofflichen Welten.

Aha ... und warum wirst du dann als Wesen der Unterwelt bezeichnet?

Weil du diese Welten, die nicht feinstofflich sind, als Unterwelten bezeichnest.

Bin ich das oder sind das die Worte, die mir zugetragen werden?

Das weiß ich nicht, aber in deiner Wahrnehmung ist die Welt der Feinstofflichkeit die obere Welt und das, was darunter ist, die Unterwelt.

Hmm ... verstehe. Interessant nur für mich selbst, dass ich das noch gar nicht so benannt habe. Aber es scheint einen gewissen Sinn zu ergeben.

Ja.

In der Welt der Verstorbenen gibt es doch auch tiefere Ebenen und höhere Ebenen.

Ja.

Und du wirkst durch alle hindurch?

Ja.

Mhm. Schauen wir mal in die unterste Ebene hinein. Ist es schwer für dich, in die unterste Ebene der Verstorbenen, egal auf welchem Planeten, hineinzuwirken?

Nein, überall dort, wo Seelenkräfte den Übergang vollziehen, wirke ich. Egal, wie niedrig schwingend die jeweilige Seele ist.

Verstehe, das macht Sinn. Ich „sehe" dich immer wieder als Energieteppich.

Wenn du das so siehst, dann ist das für dich das richtige Bild.

Hmm ... ja, weißt du, in dieser Welt würden wir sagen, wie ein Morgennebel, der über den Wäldern liegt. Über ihm ist dann der Himmel zu sehen und darunter ist es dunkel, dort wo die Landschaft, darunter liegt. Aber der Nebel zwischen Himmel und Landschaft selbst, das bist du.

Welch wirkungsvolles Bild. Das hast du schön beschrieben, denn letztlich ist es diesem Bild sehr ähnlich.

Hmm ... darf ich dich Anubis nennen?

Ja, das kannst du wie du magst.

Ich bleibe bei Anubis. Das ist die Figur, die die Menschen schon lange Zeit kennen und um die herum viele Geschichten existieren. Lieber Anubis, gibt es etwas, das du mir jetzt gerade noch berichten möchtest, ansonsten würde ich unsere Session für heute beenden.

Nein.

Kannst du mir einen Hinweis geben, womit wir uns als Nächstes beschäftigen?

Wenn du mich fragst, dann würde ich gerne zunächst über die Energien im Zustand der Geburt des Körpers beginnen, denn dabei beginnt die Reise, die ich dann auch abschließe. Ich bin der Wächter dieses Prozesses, am Anfang und am Ende. Daher bitte beginnen wir beim Anfang.

Okay, dann bitte sei bereit, ich bin es auch und ich freue mich auf Morgen.
Danke.
Liebe.

Danke.
Liebe.

Geburt

Hallo Anubis. Ich schließe an meine letzte Kommunikation mit dir an und bitte um ein weiteres Gespräch über dich, dein Wirken und alles, was wir wissen müssen. Du hast gesagt, du möchtest als Erstes über die Geburt sprechen. Bitte beginne.

Der Körper wird durch die bewusste Kraft einer Seele beseelt, wie ihr es nennt. Dabei verbindet sich der Körper mit der kosmischen Kraft einer Seele für die Dauer des Wirkens seiner Organe und Werkzeuge des Organismus. Diese Verbindung aber bedeutet, dass sich die seelische Energie dazu in eine Art Kokon begeben muss, wie ihr es nennen würdet. Eher eine Art Mantel oder Bemantelung. Durch diesen Prozess wird die Energie der Seele sehr geschwächt und begibt sich in einen niedrigeren Schwingungszustand als der allgemeine vor der Geburt. Wenn diese Bremsung der Energien geschieht, entsteht eine Verzerrung der Wahrnehmung der Seele. Konkret entwickelt die Seele dabei Ängste und Ohnmächte, die sie vor dem Schlüpfen in den Körper keineswegs kannte. Ohnmacht wird diese Angst sogar noch beflügeln.
Meine Aufgabe in diesem Prozess ist das vehemente Balancieren der Kräfte der kosmischen Energie in der Seele mit dem Körper. *Dazu begebe ich mich, weit vor dem eigentlichen Inkarnationsprozess, nach den vielen Momenten der ersten Berührung mit dem Körper, unentwegt und beständig, in die Nähe der Kraft der Mutter.*

∞

Lieber Anubis, danke dir für diese Ausführung. Heißt das, du bringst die Energie der Mutter in einen Zustand, der es ermöglicht, dass du sie dauerhaft ausbalancierst, falls solche Spannungen auftreten?

Ja. Das wäre die kurze Beschreibung meiner Worte. Ich begleite diesen Prozess wie ein Wächter, der darauf achtet, dass die Kraft der Seele keine zu hohen Überspannungen und verschachtelten Verstörungen erfährt. Wie auch der Körper, der die Beseelung des Körpers zu erfahren beginnt. **Aus Fleisch wird bewusst gelenktes Fleisch.**

Lieber Anubis, ich selbst habe erlebt, wie ich relativ zügig nach meiner Geburt begonnen hatte zu schielen. Die Medizin hat daraufhin einfach nur an dem Muskel herumgeschnippelt, aber niemals nach der Ursache gefragt. Kann es sein, dass diese Art einer Überspannung, so würde ich es bezeichnen, auch eine Folge der Geburt war?

Ja. Ganz oft sind derartige Formen, wenn Muskeln eine andere Bewegung übernehmen als die natürliche, eine Folge des Geburtsvorganges und den damit einhergehenden Umständen. Damals war die Energie des Körpers, den du bewohnen wolltest, zu wenig hochschwingend, im Vergleich zu deiner Kraft und dies hat alle Organe und auch diese Muskeln in eine Art Kraftüberspannung gebracht. Die kosmische Energie war zu hoch für den kleinen menschlichen Körper, der sehr niedrig schwang. Das meiste konnte ich ausgleichen, doch die Augen deines Körpers waren dann doch zu feinsinnig beweglich und nicht mehr korrigierbar. Das Wesen in dir wird immer diese hohe Schwingung tragen, doch dein Körper wird sie nie erreichen. Diese Überspannung lebst du bis heute aus.

Nun ja, einige Entspannungsübungen helfen mir sehr, aber ich habe mir so etwas schon gedacht. Was kann denn noch passieren, das du bei einer Geburt nicht ausbalancieren kannst?

Du betrittst ein weites Feld, denn auch innere Störungen wie das Herz oder die Lunge sind Organe, die diese Kraftdivergenz manchmal nicht ausbalancieren können.

Wie ist das? Kannst du mir kurz im Detail erklären, wie du arbeitest in solch einem Prozess? Wir haben von Freund der Indianer gelehrt bekommen, dass die Seele ja nicht gleich direkt inkarniert, sondern tatsächlich erst mit dem wirklichen ersten Schrei. Ab wann bist du nun im Einsatz?

Ich bin da, wenn das Leben beginnt, die letzten Momente im Körper der Mutter zu erfahren. Also wenn die Geburtswehen beginnen. Die Bereitschaft des Körpers zu schlüpfen bedeutet für meine Energie, Bereitschaft der ausbalancierenden Kräfte.

Und wie genau passiert das dann? Kannst du das bitte ganz im Detail beschreiben?

Eine Seele beginnt den Körper, den sie bewohnen will, in den Monaten des Heranreifens des Körpers zu besuchen. Mal mehr, mal weniger. Dabei beginnt die langsame Vermählung der kosmischen Kräfte mit dem Organismus. Das meiste geschieht geführt von den Seelen und ihren Entscheidungen, doch sowie der Körper bereit ist, nun eigenständig zu leben, beginnt der Prozess der endgültigen Vermählung von Körper und Geist. Ab diesem Moment wirken meine Kräfte wie eine lebenserhaltende feinstoffliche Nabelschnur über den Körper und in die feinstoffliche Kraft hinein. Das beides wird von mir vereinigt und geführt.

Okay, und du begleitest dann den gesamten Geburtsprozess, richtig? Und ab wann ziehst du dich dann zurück?

Der Moment des Schreis des Kindes bedeutet für mich, der freie Wille des Wesens beginnt weiter zu existieren und lebt nun über den Körper weiter, dann braucht es mich nicht mehr.

Und wenn so ein Geburtsprozess ziemlich lange dauert?

Egal. Wenn der Schrei getan ist, bin ich überflüssig.

Wir hatten ja gestern festgehalten, dass du eine Art Energieteppich bist, der durch alles hindurch immerdar wirkt. In einem Kreissaal zum Beispiel, muss ich mir das dann so vorstellen, dass du die ganze Zeit den Raum ausfüllend da bist oder nur über der Mutter? Kannst du das noch einmal kurz ein bisschen detaillierter beschreiben?

Wenn du nach Örtlichkeiten fragst, werde ich vier Orte nennen, in denen ich wirke. Oben, unten, über der Mutter und unter der Mutter, rechts und links neben der Mutter. Wie ein Magnetfeld, das über alle Richtungen in alle Formen hinein wirkt und die Kräfte führt.

Und sowie der Prozess vorbei ist, löst du dich auf, oder wie ist das dann?

Dann begebe ich mich aus dieser konzentrierten Ausrichtung in die normale unendliche Form.

Also wenn ich mir jetzt vorstelle, du bist ein Energieteppich und du bist bei der Geburt in einer konzentrierteren Form an diesem Ort, dann bleibt der Teppich weiterhin bestehen, aber ein Teil des Teppichs bildet eine konzentriertere Form, die an diesem Ort, in diesem Moment den ganzen Körper der Mutter umhüllt - aufgrund der Absicht in dir, richtig?

Genau.

Aha ... wie weit, wie viele Zentimeter, wie viele Meter darf ich mir das vorstellen? Also aus dem Teppich wird mehr oder weniger eine Kugel. Der Teppich besteht, aber ein Teil wird zu einer Kugel. Wie weit über, unter, neben, rechts, links der Mutter?

In menschlichen Maßen gemessen würden acht Zentimeter beschreiben, was du berichten willst.

Also acht Zentimeter in alle Richtungen. Acht Zentimeter über dem Körper und drum herum?

Genau.

Das ist ja relativ wenig.

Das ist das, was außerhalb des Körpers sichtbar ist, aber innerhalb bin ich durchgehend.

Mhm. Gibt es Dinge, die dich bei dieser Arbeit stören?

Die Verletzungen der Körper an den Stellen, die sie für den Kaiserschnitt vollziehen, sind eine Problematik für mich, denn dort entsteht eine Körperöffnung, die meine Stabilität über diesem Körper erheblich schwächt. Als würdest du in eine Vase ein Loch schneiden. Das ganze Gefäß wird energetisch undicht und auch ich kann diese undichte Stelle nicht wirklich verbinden.

Was hat das für Folgen für die Menschen, die per Kaiserschnitt geboren werden?

Weise Frage, Sylvia. Das bedeutet, dass das Leben durch eine außergewöhnliche Kraft des Bewegens aus dem Körper begonnen wird, nicht natürlich und nicht in Abstimmung mit dem Kosmos. Diese Menschen haben danach außergewöhnlich viele Ängste.

Ach, weil du die nicht ausgleichen konntest, oder wie?

Nein, weil der ganze Prozess zu schnell und wenig balanciert ablief.

Hm. Genau, weil du nicht wirklich wirken konntest, oder?

Weil meine balancierende Kraft noch gar nicht wirken konnten durch die Schnelligkeit und durch die unausgeglichene Bewegung der Körper.

$$\infty$$

Hm. Aber manchmal geht es nicht anders?

Das weiß ich, aber ich antworte auf deine Frage.

Ja. Hm. Gibt es etwas, das du den Menschen vielleicht mitgeben möchtest, wenn es um das Thema Geburt geht?

Das möchte ich gerne.
Das Wirken der kosmischen Kräfte wird gelenkt und geführt durch die alles durchdringende, alles erschaffende Quelle. *Das bedeutet, dass alle Abläufe im Kosmos geführt und gelenkt sind von der Quelle. Der freie Wille der Menschen, wie auch der freie Wille anderer Wesen, anderer Planeten werden diesen Prozess niemals unterbrechen oder blockieren können. Daher möchte ich diesen Moment nutzen, die Unendlichkeit dieses Prozesses noch einmal zu benennen.* ***Denn, weiß der Mensch, dass er eingebunden in diese kosmischen Formen und Abläufe ist, so beginnt sein Vertrauen tief in seiner Seele, die ihn belebt.*** *Dieses Vertrauen sollte er mehr nutzen und mehr einsetzen. Wie alle Wesenheiten im Kosmos das Wirken dieser Abläufe akzeptieren, lieben, respektieren und vertrauensvoll annehmen, so sollte auch der Mensch diesen außerordentlich schönen Moment der Geburt nutzen, um vertrauensvoll die kosmischen Kräfte der Wesen, die das begleiten, zu erleben. Dann werden die Menschen gesund und bestärkt in ihrer Seele auf dieser Welt wirken.*

Eine Frage hab ich noch. Was ist, wenn ein Kind nicht atmet? Wenn Neugeborene zu lange nicht atmen und es dann zu Gehirnschäden kommt… Bist du in irgendeiner Art und Weise daran beteiligt? Was

∞

ist da los? Bitte sag mir etwas dazu?

Das sind körperliche Prozesse, Liebes. Dazu kann ich gar nichts sagen, denn dabei beginnen die körperlichen Kräfte über den seelischen zu stehen und so sehr die Seele leben will, so wenig will oder kann es der Körper. Daher kann ich dir dazu leider keine Antwort bieten.

Okay, das hab ich verstanden. Hast du denn noch irgendeine andere Information zu diesem Thema?

Nein.

Danke dir vielmals. Dann bitte, lieber oder liebes Anubis?

So wie du willst.

Hm. Ich tue mich noch ein bisschen schwer, weil „lieber"…? Du bist kein Er, du bist ein Es, und du hast auch keinerlei Inkarnationen hinter dir, die dich geprägt haben. Liebes Anubis würde ich deswegen sagen.

Gerne.

Dann bitte liebes Anubis berichte mir, worüber möchtest du morgen reden?

Über das Wirken aus dieser Ebene in die Prozesse des menschlichen Lebens hinein, aber noch nicht über den Tod.

Okay, dann bin ich sehr gespannt.
Ich danke dir vielmals.
Liebe.

∞

Leben

Ich begrüße dich Anubis. Du hattest gesagt, du möchtest über dein Wirken in der Welt, in den Welten während des Lebens und nicht nur während der Geburt und des Todes berichten. Bitte beginne, was du dazu sagen möchtest.

Zu leben ist die Herausforderung an eine jede Seele, die ständigen Umstände der Beeinflussung anderer Kräfte, die bei weitem stärker wirken als nur feinstoffliche Kräfte, immer all diesen Dingen gewachsen zu sein und zu werden, ohne dabei die eigene Kraft zu verlieren. Das Beleben eines Organismus wird daher immer auch eine Auseinandersetzung des Inneren mit dem Außen bleiben. Meine Aufgabe ist es, diese Auseinandersetzung des Inneren mit den äußeren Kräften beständig zu balancieren, denn auch dies ist ein dauerhafter Prozess, der nötig ist.

Okay, ich verstehe. Du wirkst also als balancierende Kraft für alle Seelen, die in einem Körper sind, unabhängig davon, ob sie gerade geboren werden oder aus diesem Körper herausgehen. Aber was ist der Unterschied? Und wie wirkst du zu Lebzeiten? Wir haben bisher erfahren, wie du bei der Geburt wirkst. Was ist anders im Leben?

Das Leben wird bestimmt durch die Impulse des Egos, den freien Willen und im besten Fall, die Impulse der Seele. Dabei kann ich zwar weniger, aber dennoch beständig, das bestehende seelische Potenzial in Einklang bringen mit der kör-

perlichen Kraft.

Und wie machst du das?

Indem ich da bin.

Hmm. Also bist du doch eher eine Art ausgleichende Kraft, balancierende Kraft, Balancekraft, die man jederzeit anrufen kann als eine Persönlichkeit oder eine Wesenheit, die personifiziert vielleicht wie ein Schakal oder irgendetwas anderes aussieht, oder?

All diese Personifizierungen, die die Menschen aus der Vergangenheit deiner Zeit, alten Beschreibungen dieser Wahrheiten gaben, sind nur märchenhafte Erzählungen der eigentlich kosmischen Wahrheit, die dahinter steht. **Das, was du ein Energiefeld nennst, war immer schon, was es ist: eine ausgleichende Kraft des kosmischen Vaters und der kosmischen Mutter, geschenkt und gegeben, um die im Außen wirkenden Kräfte mit dem Inneren zu balancieren.** *Daher ja, um deine Frage zu beantworten, wenn du es so möchtest, bin ich die Kraft, die ihr anrufen könnt, um Balance zu finden. Balance in euch und mit euch, sowie mit den äußeren Kräften im Einklang.*

Wenn dich die Menschen nicht bewusst anrufen, wie wirkst du dann?

Wenn Menschen nicht bewusst um Hilfe bitten, dann helfe ich durch die beständige Präsenz der Energie im Kosmos nur alleine über das Sein überall. Wenn sie mich aber konkret bitten, so kann ich durch die konzentrierte Aktion in den Moment um ein Vielfaches stärker wirken. Daher ist, wie immer, die Bewusstheit dieses Wissens unsagbar wichtig. Wer weiß, wen er anrufen kann, um Balance zu finden in der Situation seines Lebens, der kann diese schneller finden als derjenige, der nur taumelnd und unwissend durch das Leben wandelt.

Und wenn man dich anruft in Situationen, wo man Balance finden möchte, wie genau soll man das tun? Bitte schenke uns die Worte, die dich am schnellsten erreichen.

Zunächst wäre es ratsam, die Räumlichkeit zu versiegeln, indem ihr Räucherwerk benutzt oder Weihrauchharze oder reinste Bergkristalle. Dann begebt euch in den meditativen Zustand, der euch zentriert. Beschützt den Moment über das kosmische Kreuz, verbindet euch dabei mit allen Himmelsrichtungen, mit der Sonne und mit der Quelle. Danach bittet, dass nun die Kraft Anubis durch euch hindurchfließt und euch stärkt. Dabei empfindet ihr wohliges, warmes Leben in euch. Dadurch wachsen die Energien in euch dort wieder zu einem starken Strom aus kosmischer Kraft, wo ihr sie verloren hattet und sie verringert waren. Dabei entsteht, dass ihr einerseits kraftvoller werdet, um in der Menschenwelt zu wirken, aber gleichzeitig werdet ihr dadurch weiser in eurem inneren Wissen. Die Verbindung in den Kosmos wird gestärkt, doch meine besondere Wirkungskraft verstärkt dies noch einmal.

Und dann, wie schließt man dann ab?

Indem man sich bedankt und liebt.

Ah, also mit „Danke. Liebe."

Genau.

Und das kann man überall tun und wann immer man meint, man fühlt sich gerade instabil und man braucht Balance?

Das wäre der Rat, ja.

Super. Gibt es Momente, in denen du meinst, dass man unbedingt um Balance bitten soll, auch wenn man gerade gar nicht daran denkt?

Absolut.

Welche denn?

Wenn Gefahren drohen, betet und bittet, dass meine Kraft euch stabilisiert. Wenn Ängste euch umgarnen, bittet um meine Kraft. Wenn Hilfe der Menschen wirkungsvoll helfen soll, wenn ihr sie braucht, um weiterleben zu können, dann bittet um meine balancierende Kraft. Wann immer ihr das Bedürfnis habt, das Leben wieder stabiler, kraftvoller und freudiger zu machen, bittet um die balancierenden Kräfte des Kosmos, welche ich bringe.

Und wenn man das für kranke Menschen oder für Kinder macht, die noch nicht in einem solchen Bewusstsein beziehungsweise nicht mehr in einem solchen Bewusstsein sind und nicht aktiv um deine Hilfe bitten können, geht das dann auch?

Das Besondere dabei wäre, dass ihr stellvertretend für diesen Menschen diesen Prozess ausübt.

Aha. Bitte gib mir einen Anhaltspunkt. Wie geht das stellvertretend?

Wenn ihr ein Foto dieses Menschen habt, so nimm dies bitte in die Hand und lege es auf dein Herz.

Also das Bild mit dem Gesicht zum Herz und dann die Hand darüber?

Genau.

Aha, und dann?

Dann verbinde dich mit diesem Menschen, wie auch immer sich das anfühlt und sowie du dich verbunden fühlst durch Erinnerungen, Tränen, Freude, was auch immer die Verbindung beschreibt, dies ist der Moment, in dem du das ganze Ritual vollziehst.

Aha. Also kurz für mich zum Zusammenfassen: Wir nehmen das Bild, legen es aufs Herz, tun die Hand darauf, und was macht die andere Hand?

Nichts.

Ah, okay. Gut. Und wie schließe ich das ab, wie trete ich aus der Verbindung wieder heraus?

Indem du das Bild wieder vom Herzen nimmst und dich bedankst und das Wesen des Schutzes bittest, dich wieder zu versiegeln.

Ah, okay. Also, für alle diejenigen, die noch keine Erfahrung mit dem Wesen des Schutzes haben: Man bittet am Ende des Rituals einfach nur mit einem Satz: „Ich bitte um die Versiegelung", und dann passiert es schon. Ich möchte das an dieser Stelle nur festhalten.

Genau.

Wow. Hm. Hast du noch etwas, was du zu diesem Thema sagen möchtest?

Ja.
Das Thema Verantwortung liegt mir wirklich sehr am Herzen. Dazu hast du schon einiges festgehalten in den anderen Werken, doch auch ich möchte die alles umspannende und wirkungsvollste Kraft eures Lebens wie auch eures Weiterlebens ohne Körper benennen. Die Verantwortung dem Kosmos und den kosmischen Wesenheiten gegenüber. Dabei möchte ich die alles lenkende, alles verursachende Eigenverantwortung nicht minder benennen. Denn wer verantwortungsbewusst handelt, tut dies dauerhaft und niemals in Pausen. **Werdet euch bewusst, dass ihr verantwortlich seid für jede menschliche Tat eures Lebens. Jeden Schritt, jeden Gedanken, jedes Wort, jede Tat, jede einzelne Tat.** *Und jede einzelne Tat bewirkt, dass ihr dadurch beschleunigt oder blockiert.* **Weil diese Verantwortungen für euch selbst im Kosmos so einzigartig groß sind, so sind die Verantwortungen, die ihr**

damit auch für die anderen und für das ganze kosmische Konstrukt trägt, sehr, sehr groß. *Wer diese Größe und diese Unendlichkeit verstanden hat, der kann keine kosmisch disharmonischen Schritte mehr tun, denn er weiß um die tiefen, weiten und unendlichen Resonanzen, die aus jeder einzelnen Tat entstehen.*
Warum sage ich das? - Das Wissen um diese Ursache der Problematiken des Lebens bedeutet mein Wirkungsfeld. Verstehst du, was ich sagen möchte?

Ja, ich glaube du möchtest sagen, dass diese Unverantwortlichkeit für das eigene Leben, sowie daraus resultierend auch die Unverantwortlichkeit für alle anderen, die Ursache für dein Wirken ist..

Das ist es, was ich meine, genau. **Wenn ihr dauerhaft verantwortungsvoll und bewusst handelt, dann brauche ich nicht einzugreifen und die energetischen Lecks zu schließen. Dann brauche ich nur die Geburt und alle Übergänge bewachen. Doch wenn ihr verantwortungslos in eurem Leben wandelt, dann muss ich wieder und wieder dabei die verlorenen Energien versuchen auszugleichen.**
Doch warum sage ich dies, warum betone ich es: Weil ich dies nicht immer ganz schaffe. Wie du selbst bei deiner Geburt erfahren hast, wirke ich, so gut die Kräfte es können und es möglich ist, doch nicht immer kann ich es voll und überall. **Daher besteht für jeden Menschen, der unbewusst und verantwortungslos aus dieser Unbewusstheit heraus handelt, die große Gefahr, dass er wieder und wieder Kraft verliert.** *Und das wird dann im Übergang des Lebens in die feinstoffliche Welt eine der größten Prüfungen. Das, was die Men-*

*schen als Geschichten erzählen über das Jüngste Gericht, die Himmelspforten, das, was dann auf euch wartet, wenn ihr bereit seid, den Körper zu verlassen, **das sind nicht äußere Kräfte, die über euch richten oder mit euch wertend umgehen. Nein. Es ist die Resonanz all eurer Taten, die bedeutet, wie kraftvoll ihr den Übergang begeht.***

Und meine Ermahnung hier will euch liebevoll darauf hinweisen, wie viele Möglichkeiten sich jeden Moment in eurem Leben bieten, diese Kraft zu erhalten, zu beschützen und zu entfalten, aber nicht über Verantwortungslosigkeit, Lieblosigkeit, Unbewusstheit und taumelndes Sein die Kraft zu verschenken.

Nun, was mich interessieren würde, ist, dass ich dachte, Energie vergeht nicht im Kosmos. Was passiert denn mit der Energie, die die Seelen verlieren, wenn sie tatsächlich so unbewusst und verantwortungslos handeln und wenn du sie ihnen nicht ausgleichen kannst? Wo geht sie denn hin?

Weise Frage. Danke. Die Kraft der Seele selbst wird schwächer, aber die Energie aus ihr heraus, die sie verloren hat, wird weiter Teil des ganzen kosmischen Konstruktes bleiben, aber eben nicht als etwas, dass in der Seele schwingt, um sie zu tragen, sondern etwas, das als Teil des großen Ganzen weiter wandelt.

Ah, du meinst also, wenn die Seelen Energien verlieren, geht diese Energie natürlich nicht verloren, aber sie ist nicht mehr Kraft der Seele. Ich nehme gerne das Beispiel des Meeres - sie geht aus einem Gefäß in das Meer der Energie hinein und ist nicht mehr Teil der eigenen Energie, richtig?

Ja.

Hmm, okay, das hab ich verstanden. Und was passiert, wenn eine Seele ganz in ihre Kraft gekommen ist und ganz viel Kraft angereichert hat? Dann hast du sicher nicht mehr so viel zu tun, oder? Was passiert dann mit dieser Kraft?

*Dann wirkt sie in ihrer besten Kraft überall verantwortungsbewusst, liebevoll, bewusst und verweilt dort, wo sie keine Gefahren mehr für sich sieht. Oft wollen diese Kräfte nicht mehr inkarnieren. Das ist verständlich, da sie das Wechselspiel von Kraft geben und Kraft verlieren nicht mehr eingehen wollen. **Sie wollen in ihrer Kraft bleiben und das für die Ewigkeit.***

Mhm. Und was ist der energetisch schwächste Zustand einer Seele? Kannst du ihr noch helfen?

Das kann ich generell immer, aber solch schwache Energien brauchen wirklich viel Kraft, um nur ansatzweise wieder in die Bewusstheit zu kommen. Wenig Energie bedeutet, wenig Bewusstsein.

Ich verstehe, und kann man dann sagen, dass diese energielosen Seelen diejenigen sind, die am meisten anderen weh tun?

Ja.

Und unbewusst um sich schlagen, andere umbringen, all diese „wunderbaren Dinge" auf diesem Planeten? Verzeih, ich kann es nicht nur schön finden ...

Genau.

Hmm. Wie ist das für dich? Will man solchen Energien überhaupt helfen?

Du fragst etwas ungenau, denn um meinen Willen geht es nicht. Diese Energien brauchen ausgleichende balancierende Kräfte, sonst verwüsten sie die Plattformen, die sie bewohnen.

Du meinst, sie verwüsten den Planeten, den sie bewohnen? Wir haben auf diesem Planeten sehr viel Verwüstung und es wird immer mehr. Wirst du denn dieser ganzen Thematik und dieser ganzen Problematik nicht müde?

Nein, weil ich bin, was ich bin. Du fragst aus einer wertenden Perspektive. Wie soll ich werten, wenn das, was ich tue, weit mehr ist als ein „ich will es" oder „ich will es nicht". Ich bin diese Kraft.

Ja, okay, das hab ich verstanden. Das heißt, du bist am meisten im Einsatz dort, wo derartig schwache Seelen sind, richtig?

Ja.

Wirkst du dann nur auf Planeten oder wirkst du auch in der feinstofflichen Ebene?

∞

Das werden wir noch näher erörtern, wenn wir nun das nächste Kapitel beginnen, wie ich den Übergang aus dem Körper begleite.

Ah ja, okay. Möchtest du zu diesem Thema noch etwas sagen?

Nein.

Dann danke ich dir vielmals und freue mich sehr auf Morgen.

Danke.
Liebe.

Übergang

Liebes Anubis, wir haben jetzt erfahren, dass du ein Begleiter in das Leben hinein bist, aber wir alle sind auch gelehrt worden, dass du das Wesen bist, das den Übergang aus dem Leben heraus begleitet. Daher bitte ich dich nun, beginne, wie auch immer du möchtest und wo auch immer du möchtest. Ich selbst habe keine Ahnung von diesem Thema und bitte dich einfach, alles, was du den Menschen vermitteln möchtest, nun zu hinterlassen. Bitte.

Das werde ich gerne tun.

Das Leben, das ihr alle lebt, während ihr dieses hier lest, darf nicht die einzige Wahrnehmung eures Seins bleiben. Weit mehr noch als das Leben in einem Körper, werdet ihr erfahren auf euren Wegen durch die Galaxien und Zeiten des Kosmos. Wer verstanden hat, das Leben nur als die eine Möglichkeit des ganzen Seins zu erkennen, der beginnt ansatzweise zu verstehen, was ich meine, wenn ich den Bereich des Übergangs nun als weitere Stufe des Seins beschreibe.

Das Leben nimmt Abschied auf unterschiedliche Weise. Allgemein meistens durch die Veralterung der menschlichen Organe. Dabei versagen die Funktionen des Körpers nach und nach. Dann beginnt der Ablösungsprozess, den ich euch heute beschreiben möchte. Dabei wache und beschütze ich die Kraft der Seelen in einem jeden Moment. Das bedeutet, ihr braucht euch generell nicht sorgen um allgemeine Abläufe der kosmischen Verwandlung der Energien. Das wird alles gelenkt und geführt durch die liebevollen, alles durch-

dringenden Energien der Quelle.

Doch nun zu der Beschreibung. Dann, wenn die körperlichen Prozesse beginnen zu versagen, zu schwinden, dann beginnt die Seele ihre alte Form anzunehmen. Wenn ihr das Buch mit Freund der Indianer gelesen habt, dann habt ihr erfahren, was die Geburt mit sich bringt. Dabei bewegen sich die Kräfte der Seele in den Körper hinein und dieser Prozess wird im Übergang wieder reversibel gemacht. Das bedeutet also, dass eine Kraft, die bisher ausschließlich über den Körper auf der Erde wahrgenommen hat, nun langsam und Stück für Stück die feinstofflichen Welten beginnt wieder zu erfassen. Mit jedem Tag, mit dem der Körper schwächer und schwächer wird, wird diese seelische Kraft weniger und weniger in ihm gefangen gehalten. Die Weite, die die Seele in ihrer Reise im Körper begonnen hat zu pflegen oder gar verringert hat, beginnt nun wieder, ihre eigentliche Funktion zu entfalten. Es beginnt die Wahrnehmung der feinstofflichen Welten.

Und beginnt dieser Ablösungsprozess schon, wenn ein Organ schwächer wird oder beginnt der erst, wenn ein bestimmtes kritisches niedriges Energieniveau erreicht ist? Wie gestaltet sich das? Ab wann ist ein Körper soweit, dass er der Seele nicht mehr genügend Voraussetzungen bietet?

Das ist unterschiedlich und hängt in aller erster Linie vor allem von der Kraft des Herzens ab. Wer dort noch viel Kraft in sich trägt, der bleibt lange mit dem Körper verankert. Wer aber wenig Kraft im Herzen trägt, der wird schneller diesen Ablösungsprozess erleben.

Okay, die Herzkraft ist also entscheidend, weil das Herz ja auch das Tor der Seele ist. Ab wann ist dann die Seele ganz vom Körper gelöst?

Das ist sie ausschließlich, wenn der Körper ganz über die Funktionen der Organe versagt.

Also du meinst, wenn die Organe tatsächlich überhaupt nicht mehr arbeiten?

Dann beginnt der Ablösungsprozess, die nächste Stufe einzuleiten.

Ich möchte dir eine kurze Zwischenfrage stellen: Wie ist das bei Menschen, die im Koma liegen und künstlich am Leben gehalten werden? Also wenn das Herz künstlich belebt wird? Dann ist doch die Herzkraft eigentlich so schwach, dass die Seele schon längst gehen müsste, oder?

Ja, das ist richtig und dabei erfährt die Seele auch keine freudigen Momente, denn dieser Zustand hält sie fest an etwas, das längst nicht mehr die Voraussetzungen bietet, um darin zu bleiben. Wie in einem Gefängnis wird das Band zwischen Körper und Geist, wie ihr es nennt, festgehalten, obwohl der Kosmos oder besser die Seele selbst längst anders entschieden hat.

Aber es gibt auch die anderen Beispiele, wo der Mensch hirntot ist, das Herz aber noch schlägt. Was ist dann?

Dann weiß die Seele, dass sie gehen muss, aber hält noch an dem Leben fest. Das eine unterscheidet sich von dem anderen durch die freie Entscheidung, den freien Willen der Seele. Verstehst du?

Ja, okay. Also das bedeutet, wenn bei einem Hirntod die Herzfunktionen aktiv bleiben, der Mensch also medizinisch nicht tot ist, kann die Seele sich diese Kraft des freien Willens noch zunutze machen und am Leben festhalten.
Bei einem Herzstillstand aber fehlt dieser entscheidende Schlüssel, und die Seele, die längst gehen will, wird durch die künstliche Belebung des Herzens am Leben festgehalten, entgegen ihren Willen und den kosmischen Gesetzen, richtig?

Ja.

Warum ausgerechnet das Herz? Warum ist das Herz immer so ein Schlüssel bei dieser ganzen Energetik mit der Seele?

Das Herz, liebe Sylvia, verbindet die Seelenkraft mit der Körperkraft. Dort wird kosmische Kraft wie bei einem Motor durch die körperliche Kraft zu Leben.

Ah, also könnte man eigentlich sagen, dass die kosmische Kraft das Benzin ist und der Körper, genauer gesagt das Herz, der Motor?

Ja.

Aha, das würde ja in der Schlussfolgerung heißen, dass ein Körper ohne Seele gar nicht leben könnte, und vor allem ohne Herz nicht leben könnte, denn dort wird diese kosmische Kraft zu der körperlichen Kraft?!

Genau.

Okay, das streift natürlich ganz andere Thematiken. Wir hatten hierzu schon einige Infos von Freund der Indianer erhalten. Er erklärte sehr genau, dass eine gewisse körperliche Masse notwenig ist, um eine Seele aufzunehmen.

Alles was Freund der Indianer dir schon übermittelt hat zu diesem Thema, kannst du gerne wieder aufgreifen.

Ich werde das gerne tun und seine Antworten dazu aus dem anderen Werk mit ihm auch in diesem Buch festhalten.

Das kannst du gerne, denn je mehr Fragen du beantwortet bekommst, umso verständlicher wird das alles für die Menschen. Und je mehr sie verstehen, umso bewusster werden sie sich der Abläufe und Prozesse, die alle täglich um sie herum geschehen.

Okay, dann wenden wir uns wieder dem Thema Ablösungsprozess zu: Wie genau geht es dann weiter? Die körperlichen Organe haben alle aufgegeben - oder zumindest der größte Teil von ihnen - und die Seele sagt: Gut, ich löse mich jetzt ab. Dabei weitet sie sich oder beginnt wieder in ihre eigentliche Weite zu gehen. Was geschieht als Nächstes?

Als Nächstes beginnt, dass diese neue Wahrnehmung, die ei-

gentlich eine alte Wahrnehmung ist, dazu führt, dass die körperliche Empfindung weniger und weniger wird. Das musst du dir vorstellen, wie wenn eure Arme oder Beine einschlafen, so nennt ihr es doch, oder?

Ja.

*Das Gefühl des Körperlichen verlässt die Seele immer mehr. Und dann, wenn der eigentliche Tod eingetroffen ist, fühlt die Seele schon fast nur noch in den seelischen Empfindungen, die sie im Moment des Todes hatte. Leider empfinden viele Menschen Angst während dieses Prozesses. **Das möchte ich hiermit bitte allen Menschen übermitteln. Der Prozess des Ablebens des Körpers ist ein ganz normaler Prozess. Dabei werden verschiedene Abläufe im Kosmos wiederum aktiv, die alle dabei helfen, dass die Seele, die diesen Übergang leben muss, keineswegs wie eine verlorene Energie im Kosmos irren muss, sondern aufgefangen wird von den Kräften des Kosmos.** Das bedeutet, dass alle Angst in euch, danach in eine dunkle Hölle oder was auch immer ihr für komische Bilder in euren Büchern festgehalten habt, unbegründet ist. All diese dunklen Phantasien in der Menschenwelt sind falsch, **lediglich der Zustand der Seele in diesem MOMENT entscheidet, welche Wahrnehmung die Seele in diesem Übergang und darüber hinaus hat. Diesen kleinen aber doch deutlichen Satz hier, betone ich gerne noch um ein Vielfaches, denn wie alle Schritte, die ihr in eurem Leben geht, eine Geschichte erschaffen, so kreieren diese Schritte eine Kraft in euch. Diese Kraft lebt in der Seele, die ihr seid, weiter.** Und das tut sie natürlich auch im Zustand des Übergangs.*

Damit möchte ich betonen, dass die Kraft der Angst eine weniger förderliche Kraft ist, und da wir kosmischen Energien täglich mit der Problematik der Ängste der Seelen in diesem Zustand zu tun haben, **möchte ich damit hier verewigen und festhalten, dass die Summe eurer aller Taten das ist, WIE ihr dann erfahrt.** *Wart ihr ein freudiges Wesen, so wird der Übergang freudig. Wart ihr ein trauriges, so wird der Übergang alle Traurigkeit aus euch herausholen und dabei die Erinnerung an die Freude wecken. Wart ihr voller Gram, so wird der Gram euren Weg bestimmen,* **doch die Kraft der Seele wird geleitet und geführt von der Freude.** *Wer also Negativität in seinem Leben sehr oft und sehr viel empfunden hat, der wird diesen Zustand ängstlich und angsterfüllend erfahren, weil er keine der Impulse der kosmischen Energien wahrnehmen kann, denn seine Wahrnehmung in Negativität wirkt wie eine Blockade gegen diese hellen, helfenden, freudigen Kräfte.* **Also bitte nehmt diesen Moment jetzt, in dem ihr die Wichtigkeit des Wirkens in eurem Leben realisiert, als den Moment, an dem ihr ab sofort wirklich bewusst, liebevoll, reich und kraftvoll an Liebe beginnt zu wandeln.** *Denn dabei werdet ihr weiter, stärker, kraftvoller und liebevoller, und diese Liebe wird euch wie ein warmer Teppich aus Blumen und heller Freude empfangen. Die entscheidenden Parameter dazu werden dabei lebendig in euch und euch dann leiten - weit über das Leben hinaus.*

Das wäre das Wichtigste dazu.

Gut, also ist es sehr wichtig, in welchem Zustand man diesen Übergang erlebt. Manche erleiden viele Schmerzen. Diese Schmerzen schwinden also über die Ablösung der Seele, indem sie den Körper weniger empfindet, und dann zählt ausschließlich die Summe der Erfahrungen, richtig?

Ja.

Gut.
Was passiert dann?

Dann begeben sich die Seelen in eine Art Zwischenwelt. Dort wo Reinigung und Kraft die Seele beleben. Diese Zwischenwelt wird von mir erfüllt.

Ach, wie darf ich mir das vorstellen? Diese Zwischenwelt ist also ein Zustand, ein energetischer Zustand, in dem diese Seelen noch nicht entschieden haben, wo sie weiter hinwollen, sondern sich erst einmal nur erholen von dem Leben, oder?

Das kannst du so gerne sagen, ja. Noch in Reflektion über das Erfahrene, aber auch noch nicht in Bereitschaft für das Neue.

Okay. Und was genau machst du in dieser Welt?

Die Seelen verweilen dort. Doch das ist kein Ort, bitte betone dies noch einmal, dies ist alles ohne Ort, sondern ich beschreibe die Wahrnehmung, einen Moment der Wahrnehmung, einen Zustand... Die Seelen befinden sich in einer Art Zwischenwelt, in einem Zustand, der, wie ich schon betont habe, keinerlei Bereitschaft oder Entschluss für das weitere Wandeln beinhaltet, sondern eine Art Wartehaltung. Dort in dieser Energetik des passiven Verweilens belebe ich die Kräfte der Seelen und balanciere die Veränderungen der Energien, die den einen oder anderen erfassen, während er das Erfahrene reflektiert. Das ist ganz normal. Diese Art Stabilität gebe ich diesen Seelen und deshalb vielleicht haben die Menschen mich als die begleitende Kraft erkannt und kommuniziert, die den Übergang bewacht.

Aber die Menschen haben auch eine Geschichte erzählt, wonach du das Herz des Menschen wiegst. Ist das so?

Nein, natürlich nicht (lacht). Die Seele der Menschen richtet selbst über ihre Empfindungen im Zustand des Todes, aber ich wiege nichts. Denn einerseits habe ich gar nicht die Befugnis über andere zu richten und andererseits befinden wir uns hier in der Welt, die gar keine körperlichen Kräfte zum Wiegen mehr kennt. Alles in Allem habe ich mit Körperlichkeiten überhaupt nichts mehr zu tun, sondern balanciere die Seelenkraft. Das tue ich während eurer Geburt, während eures Lebens und ja, auch natürlich in eurem Übergangsprozess. Ich bringe Balance in den Kosmos.

Die Menschen mögen eben gerne Märchen. Hast du irgendeine Erklärung, wo das herkommen könnte, dass sie das erfunden haben, dass du „ihr Herz gewogen hast"? Ich meine, wenn man etwas wiegt, dann gibt es tatsächlich einen wertenden Parameter - die Waage selbst, also ist das Märchen von Grund auf falsch, zumindest im Zusammenhang mit dir Anubis ... Gibt es denn tatsächlich gar keinen wertenden Parameter in dir?

Nein. Das kann ich gar nicht. Meine Funktion im Kosmos ist

die der Stabilisierung und nicht die einer wertenden Kraft. Der ganze Kosmos selbst wertet niemals. Alle Seelen bewerten sich selbst, wenn sie in die Erkenntnis eintauchen, darüber, was sie erfahren, getan oder auch nicht getan haben, aber letztlich bewerten sie sich immer selbst.

Das bringt mich zu dem Thema „Jüngstes Gericht" - wenn ich das richtig benenne, da ich dieses Religionstheater nicht an mich heranlasse. Aber die Menschen haben eine Geschichte in der Bibel stehen, wonach es etwas gibt, das den Menschen, wenn er dann am Himmelstor steht, darüber richtet, wie er sein Leben gelebt hat. Sag mir doch bitte auch hierzu etwas.

Wie soll ich über derartige Unwahrheiten etwas sagen. Es ist falsch, dass etwas über euch richtet. Ihr selbst richtet über euch. Das Wichtigste dabei ist, dass ihr begreift, was genau im Übergangsprozess geschieht.
Aber ich beschreibe es gerne auch noch einmal unter diesem Gesichtspunkt. Danke dir für diese Frage:
Der Mensch wirkt Zeit seines Lebens wenig bewusst und setzt dabei Impulse in den Kosmos. Das bedeutet, dass er eigentlich ein kreatives Wesen ist, aber diese Kreativität meist unbewusst vergeudet. Aber schlimmer noch. Er vergeudet meist das gute Potenzial dieser Kreativität, aber er kreiert in jedem Fall. ***Es gibt nicht den Zustand des Nicht-tuns im Kosmos. Das bedeutet folglich, dass jeder Schritt, jeder Impuls, jeder Gedanke, jedes Wort, jede Tat in euch, aus euch heraus die Bahnen erschafft für euer weiteres Wirken. Und das beendet nicht der Tod.*** *Dann beginnt die Reflektion über das Getane oder nicht Getane, in und aus einer anderen Energetik heraus.*

Damit möchte ich sagen, dass die Wahrnehmung, die ihr Zeit eures Lebens habt in eurem Körper nur die halbe Wahrheit ist, denn kaum verlasst ihr den Körper, beginnt die Wahrnehmung dann über die feinstoffliche Wahrnehmung der Seelenkraft, die ihr auch seid, das Erfahrene und Erlebte zu betrachten. Dieser Moment des Betrachtens, Reflektierens, Bewertens der eigenen Taten ist allenfalls das besagte Himmelstor in euren Geschichten. Denn dann, **mit dem Bewusstsein der Ganzheit, die euch all die Zeit immer umfasste, aber nur zu wenigen Teilen oder gar nicht wahrgenommen wurde, diese Ganzheit wird dann wieder in der Seele wahrgenommen und bewertet, beurteilt die eigenen Taten.**
Wenige treten in diesen Übergang mit dem Wissen über diese Komplexität. Allgemein verzweifeln viele nach dieser veränderten Wahrnehmung und der veränderten Draufsicht auf das Erschaffene oder Nichterschaffene. Und meine Aufgabe ist es in diesem Moment, diesen Seelen zu helfen und ihnen Stabilität zu geben. Verstehst du?

Anubis, das hast du ganz großartig erklärt. Ich danke dir sehr.
Meine nächste Frage wäre: Müssen dich die Seelen direkt ansprechen, oder ist dies etwas kosmisch Gegebenes für alle, die in einem solchen Übergangszustand sind?

Die Antwort kannst du dir denken, oder?

Ja. Ich denke mir, du bist eine kosmische Kraft, die da ist für genau diesen Moment, wenn man nicht danach ruft, und die die Seele hält, auffängt, stabilisiert, genau dann, wenn sie in diesen Reflektionsprozess eintritt, richtig?

∞

Ja.

Okay, und wenn es aber Seelen gibt, die sehr bewusst sind und die gar nicht in so einen Reflektionsprozess reingehen müssen, weil sie ihr ganzes Leben sehr viel reflektiert haben, wie erlebst du die? Haben die überhaupt so einen Zwischenzustand?

Das weiß ich nicht so, denn die Seelen brauchen meist alle etwas Zeit, um die veränderte Wahrnehmung zu realisieren und dabei befinden sich auch viele bewusste Seelen in diesem Prozess. Das ist nichts, das mit der Bewusstheit wirklich direkt in Zusammenhang steht. Eine Art Lebensliebe würde ich als Parameter benennen, denn wer sein Leben sehr geliebt hat, der braucht weniger Kraft zu stabilisieren als der, der das nicht hat.

Aber es kann doch genau umgedreht sein, wenn jemand sein Leben sehr gemocht hat und plötzlich nicht mehr lebt, dann kann ihn das doch extrem destabilisieren?

*Nein. **Wer sein Leben in Dankbarkeit, Liebe und Freude verbracht hat, betrachtet es freudig, dankbar und liebevoll. Der Traurige aber kann über die verlorenen Chancen, verlorenen Momente, vergeudeten Kräfte verzweifeln. Das wäre dann mein Moment, um dieser Seele zu helfen.***

In Ägypten, glaube ich, haben sie gesagt, dass du auch derjenige bist, der mit den Seelen dann über den Nil gefahren ist bis an das andere Ufer.

Deine Geschichten kenne ich von vielen anderen Seelen bereits, doch wie ich schon betonte, die Menschen haben einen Hang zu Märchen und diese Geschichte stimmt so nicht.

Nun ja, man könnte trotzdem resümierend sagen, dass deine begleitende, helfende Energetik ja doch wie die eines Fährmanns ist, der einem hilft, dort hinzukommen, wo man wieder Land unter den Füßen fühlt, hm?

Das kannst du gerne so beschreiben, wenn du das möchtest. Denn ja, in dem Moment, in dem die Seele realisiert, dass nun eine neue Phase ihres Seins angebrochen ist, beginnt sie Bereitschaft und Kraft zu entwickeln, wieder freien Willens weitere Entscheidungen zu treffen. Dann braucht sie meine Stabilisierung nicht mehr.

68

Hmm, okay. Was passiert mit den Seelen, die plötzlich sterben? Die also keinen Ablösungsprozess hatten, sondern die aus dem Körper geschleudert werden. Inwiefern bist du dann zur Stelle?

Dann begebe ich mich wirkungsvoll, kraftvoll in die Nähe dieser meist schockerfüllten Seelen und balanciere deren Defizit aus energetischer Sicht. Das braucht meist am Beginn dieses Prozesses etwas länger, aber wird dann genauso wie die Seelenaustritte im normalen Prozess aufgefangen.

Okay, ich hab jetzt verstanden, dass du eine sehr balancierende und unterstützende Kraft im Kosmos bist, die jederzeit zur Stelle ist, wenn derartige Energiedefizite in Übergängen sind. Aber ich habe von Freund der Indianer auch erfahren, dass es Seelen gibt, die generell wegen ihrer Verunreinigung im Leben nicht wirklich in eine sehr schöne, weitere Ebene kommen, sondern dann erst einmal weiter in einer Art Zwischenwelt festhängen. Wo bist du in dieser Zeit?

*Der Freund der Indianer hat dies genau richtig festgehalten, doch mein Wirkungsfeld besteht vor diesem Prozess. Das eigentliche Verweilen der Seelen, nachdem sie wieder beruhigt und friedvoll in die neue Wahrnehmung getreten sind, das hat Freund der Indianer beschrieben. Da kann ich nicht beeinflussend wirken. **Das Potenzial der Seele, das die weiteren Impulse aus ihr heraus bestimmt, wird Zeit des Lebens geformt. Daran kann ich nichts ändern, aber ich kann das Potenzial der Seele, wie schwach es auch immer ist, balancieren und stabilisieren.***

Hmm, okay. Das heißt, wenn dann eine Seele in den Zustand gekommen ist, indem sie sagt: Oh, ich bin ja jetzt nicht mehr in einem Körper! Ich möchte jetzt eine Weile ohne Körper sein, dann kann sie sich zwar bewegen, aber sie kann es nur in dem Maße und in die Zustände hinein, die ihr möglich sind aufgrund ihres Energiezustands und aufgrund ihrer Erfahrungen, richtig?

Das ist richtig, denn wir können an diesen Prozessen nichts verändern. Das kann jede Seele nur aus sich heraus selbst. Wenn also eine Seele dann in diesem Moment verspürt, sie möchte aufsteigen in eine höhere, leichtere und flexiblere, freudigere, friedlichere, liebevollere Stimmung hinein, dann muss sie diesen Weg von alleine gehen.

Okay. Dann kommen wir wieder in den Bereich hinein, den Freund der Indianer benannt hat. Das kann bedeuten, dass wir wieder inkarnieren müssen und so weiter und sofort. Das heißt, da ist dein Wirkungsfeld schon zu Ende?

Ja, genau, das ist es. Ich darf, kann und will nicht in die Potenziale der Seelen hineinwirken. Ich möchte, will und kann ihnen aber helfen, das Potenzial zu erhalten, welches sie in einem jedem ihrer Momente des Lebens und auch des Seins ohne Körper selbst erschaffen haben.

Okay, das hab ich verstanden, du liebevolle große Kraft der Stabilität. Also kann man dich Zeit des Lebens bewusst anrufen und wenn man im Übergang ist, bist du zur Stelle, weil man dich nicht bewusst so anrufen kann?

Wie auch immer du es benennen willst, ja. Das Prinzip ist denke ich klar geworden.

Ja, okay, das habe ich verstanden. Möchtest du zu diesem Thema noch etwas sagen?

Nein.

Ich überlege gerade, ob ich dich noch etwas frage zum Thema „Einäscherung", aber das hat der Freund der Indianer beantwortet.

Ja. Auch dies wäre kein Thema, auf das ich antworten möchte, denn dazu war Freund der Indianer der richtige Ansprechpartner, der dir diese stofflichen Prozesse übermittelt hat. Ich bin überwiegend und ausschließlich für die feinstofflichen Im-

pulse eurer Seele verantwortlich. Das Einäschern oder Verwesen des Körpers ist ein Prozess, der körperlich geschieht, aber seelisch derartige Folgen hat, dass ich sie nicht ausgleichen kann. Wir haben erfahren, dass Freund der Indianer dazu bewusst machen wollte, wie wichtig der Ablösungsprozess der sieben Tage nach dem Versterben war. Aber mein Wirkungsfeld erstreckt sich nicht in das Entscheiden der Seelen, was sie wann, wo und wie dabei tun, sondern ich balanciere diesen Prozess, wo immer ich kann.

Okay, hab ich verstanden. Was ist das nächste Thema, über das du berichten möchtest?

Das waren die wichtigsten Punkte dazu.

Okay, dann habe ich noch eine Frage. Ich glaube, es wäre sinnvoll, wenn wir zum Thema Übergang den Menschen ein paar Hilfestellungen geben. Wie man der Seele helfen kann, sich selbst zu stabilisieren. Bist du dazu der richtige Ansprechpartner?

Nein.

Soll das auch Freund der Indianer beantworten?

Ja, das wäre gut, denn dadurch wird das Bewusstsein erneut beschleunigt, sodass ihr in diesem Prozess keinerlei Angst oder Vorsicht anwenden braucht. Das Beleben der Energien während dieses Prozesses über die Menschen, die diesen Prozess begleiten, wäre sicherlich sinnvoll, denn es würde meiner Arbeit unterstützend beitragen.

Na schau, das ist doch was, super. Dann machen wir das.
Eine Frage, was sagst du zu diesen Totenbüchern, die es gibt?

Nichts.

Na ja, wenigstens irgendwas?

Nichts.

Mhm. Bitte sag irgendwas.

Keine Antwort, weil sie keines Kommentars bedürfen. Wer daran glaubt, kann diese Märchen leben. Ich habe damit nichts zu tun und mein Wirkungsfeld wird dadurch nicht beeinflusst. Dazu gerne noch einmal intensiver Freund der Indianer befragen.

Okay, dann mach ich das. Liebes Anubis, möchtest du wirklich nichts mehr sagen?

Nein.

Dann bitte gib doch den Menschen wenigstens noch ein Nachwort, etwas, das wir ihnen abschließend von dir mit auf den Weg geben bezüglich des Themas deiner Wirkungsfelder.

Gerne.
Das Leben wird die Zeit erfüllen, die ihr gewählt habt. Dabei werdet ihr viele Erfahrungen machen, aber auch viele Chancen erfahren.

∞

Das Leben, liebe Menschen, wird durch eure Bewusstheit zu dem Schlüssel, der euch in das wahre Sein des Ganzen bringen kann.

Das Leben wird dann das Geschenk des Kosmos, die allgegenwärtigen Möglichkeiten des Seins wie ein Fest zu feiern und lebendig die Liebe zu leben auf der Erde.
Begreift allesamt bitte, wie kostbar jeder Moment, jedes Wort, jeder Gedanke, jeder Impuls, jeder Augenblick in eurem Leben ist und das Wirken aus diesem Moment heraus.

Das Leben wird dann zur Königsklasse des Seins - nicht das Erleben der Unendlichkeit.
Beginnt weise zu werden in all euren Wirkungsfeldern, dann macht ihr nicht nur das eigene Leben lebenswerter, sondern auch das all der anderen, der großen Gemeinschaft der Menschen.

All dies wirkt weiter noch als ihr glaubt. Daher verinnerlicht meine Worte. Ihr seid weit mehr als das, was ihr meint zu kennen, weit mehr wirken eure Taten in den Kosmos und in die Ewigkeit hinein.

Alles hinterlässt Spuren. Also hinterlasst ausschließlich Spuren des Lichtes und der Liebe. Und wenig Spuren der Angst und der Traurigkeit.

Danke.
Liebe.

74

Das Buch Freund der Indianer

Geburt - Einführung [*]

Wir holen Freund der Indianer hinzu, der jetzt auf seine Weise das Thema Übergang in das Leben sowie auch Übergang aus dem Leben beschreibt, kommentiert und uns Informationen weitergibt.

Ich beginne.
Es ist mir eine große Freude, diese Botschaften und Weisheiten in diesem Werk festhalten zu können. Das Thema betrifft alle Seelen, die jemals inkarniert sind und noch inkarnieren werden, wie auch diejenigen, die als Körper die Voraussetzungen bieten und die Bereitschaft tragen, ein Leben zu gebären. Das Thema ist also nicht nur für diejenigen, die Kinder gebären, sondern tatsächlich allumfassend und uns alle betreffend.

Dann bitte beginne darüber zu berichten, was du dazu sagen möchtest.

Das menschliche Formen von Körpern beginnt, wenn ihr euch paart und die Eizelle mit dem Samen befruchtet wird.
Die Beseelung dieses Körpers beginnt aber etwas später. Dann wenn die Weiterentwicklung des kleinen Körpers so weit fortgeschritten ist, dass sie ein Leben wirklich tragen kann.

Möchtest du damit sagen, dass der Zeitpunkt der Beseelung eines Körpers immer unterschiedlich ist?

* aus dem Buch „Einweihung in die Geheimnisse des Kosmos "

Nein. Der Zeitpunkt ist relativ allgemein nach dem vierten Monat.

Das erinnert mich daran, dass die Menschen auch eine Zeit von drei Monaten angesetzt haben, die als kritische Phase einer Schwangerschaft betrachtet wird.

Das könnte man sagen, ja. Doch wer auch immer diese Regel aufgestellt hat, wusste nicht, ob und wann die Seele wirklich in den Körper tritt.

*Das Entscheidende ist, dass ihr bitte vernehmt, dass die Seele eines Kindes erst dann wirklich in diesen Körper tritt, wenn diese Zeit der Entwicklung des Körpers so weit fortgeschritten ist, dass dieser auch wirklich lebensfähig ist. **Das bedeutet, dass in erster Linie in den ersten Monaten ausschließlich Leben entsteht, welches aber nur die Funktionen des Lebens selbst formt und keinerlei bewusste Energien bindet.** Die Beseelung des Körpers erfolgt dann wiederum auch nicht in einer kurzen Zeit, wenn man in Zeit messen möchte, sondern sie braucht einige Monate. Diese Zeit ist dafür da, dass die Seelenenergie, die vorher ohne Körper existiert hat, nun die Enge und die Form, die der menschliche Körper bietet, langsam empfinden kann und sich dadurch langsam an diese neue Form gewöhnen kann. Daher ist die Seele eines Kindes ab dem fünften Monat nicht immer bei der Mutter, sondern nur ab und zu, doch je länger die Zeit voranschreitet, darf die Seele mehr und mehr die Form des Körpers füllen.*

Wo ist die Seele denn, wenn sie nicht bei der Mutter ist?

∞

Das ist eine schöne Frage, ich kann verstehen, dass ihr derartig denkt, doch muss ich sagen, dass ihr bitte verstehen müsst, dass alle Energie immer um euch ist. Die Aussage, die Energie ist nicht bei der Mutter, verzerrt ein wenig. Bitte entschuldige. Doch möchte ich damit sagen, dass die Energie noch wandelt, dass sie noch nicht dauerhaft in diesem neuen, kleinen Körper weilt, sondern sich erst nach und nach darin einnistet.

Muss man in dieser Zeit der Einnistung etwas beachten, das diese Einnistung fördert, oder muss man da nichts beachten?

Das wird alles kosmisch gelenkt, daher braucht es keinerlei Informationen oder Botschaften, die ihr diesbezüglich befolgen müsst. **Das Lieben des heranwachsenden Wesens ist die einzige wichtige und unerlässliche Bitte, die der Kosmos an euch hat.**

Was ist, wenn das Leben, der kleine Körper in den ersten vier Monaten abstirbt? Es ist ja dann noch nicht beseelt gewesen ?

Das ist richtig. Die Seele kommt erst, wenn diese kritische Phase überstanden ist. Die Gründe eines derartigen Prozesses sind vielfältig, doch meistens ist es eine rein körperliche, strukturelle Ursache, weniger mental, aber dennoch manchmal mental. Ich möchte damit sagen, dass es körperliche Ursachen haben kann, dass die Voraussetzungen für das Leben nicht ganz passend sind, dass es aber auch mentale Ursachen haben kann, wenn ihr in eurem Geiste nicht harmonisch mit dem Körper harmoniert. Dann verstößt der Körper das

Leben.

Wenn Menschen aber wieder und wieder in dieser Phase das kleine Lebewesen verlieren, hast du eine Vermutung, warum das so ist?

Nein.

Kann man sagen, dass ein „zu sehr Wollen" auch nicht so gut und richtig ist?

Das ist es nie, doch in der Thematik der Geburt ist alles kosmisch geführt, weil die Kräfte, die wirken, so unendlich und unbewusst, vergleichsweise mit eurem bewussten Willen wirken, dass es relativ wenig Einfluss hat, wie jemand will oder eben nicht will. Doch es ist definitiv auch eine Frage der Kraft des jeweiligen Menschen. Diejenigen, die freie und flexible Kräfte haben, können natürlich mehr wirken als diejenigen, die nur unbewusst in diesen Prozess treten. Doch lass uns nicht zu lange in dieser Thematik verharren, ich möchte noch auf andere Umstände hinweisen.

*Die Menschen, die bereits die kritische Phase überstanden haben und der kleine Körper bereit ist, die Energien in sich aufzunehmen, die mit Bewusstsein angereichert als Seele in ihn tritt, brauchen eine Information, die ich ihnen heute geben möchte. **Die inkarnierende Seele hat sich die Umstände und die Eltern alle gewählt und ist keineswegs unüberlegt und unbewusst oder hilflos in diese familiäre Struktur gegangen.** Damit möchte ich sagen, dass kein Mensch weit und breit die Ohnmacht besitzt, die so mancher gerne von euch als Entschuldigung einsetzt, um die Umstände seines Lebens so zu*

79

belassen, wie sie sind.

Du möchtest also darauf hinweisen, dass Ort, Zeitpunkt, Elternstrukturen und all dies tatsächlich vorher frei gewählt wurden von den Seelen, aufgrund anderer energetischer Hintergründe. Aber gib mir bitte ein besseres Bild dazu, was heißt „ausgesucht"? Nach welchen Parametern entscheiden diese Energien, wo sie hinwollen?

Das ist eine wunderschöne Frage, ich danke dir dafür.
Die Energien nehmen nicht die direkten Umstände eurer Welt wahr, sondern sie nehmen die energetischen Umstände der Eltern und der sich vorfindenden Umstände wahr. Ich meine damit, sie können die Energetik des Ortes wahrnehmen, die Empfindungen der Eltern wahrnehmen, wie Fülle sie umgibt, und sie können die Fülle der Eltern als Kraft wahrnehmen, sowie die energetischen Potenziale dieser Verbindung der beiden Menschen zueinander. Das bedeutet, dass wie durch eine Lupe das Elternpaar vorher betrachtet wird, und wenn es liebevoll ist, die Seelen anzieht, die Liebevolles erfahren, wahrnehmen wollen. Die Eltern, die lieblos miteinander sind, die Seelen anzieht, die diese Erfahrung leben wollen, um sich vielleicht aus dieser heraus zu bewegen. Doch dies genau zu beschreiben und die Vielfalt dieser Möglichkeiten, das würde den Rahmen hier sprengen. Doch möchte ich bewusst machen, dass eure Kinder die Form eurer beiden Elternteile, die ihr seid, absolut frei gewählt haben.

Du möchtest also betonen, dass es keine Ohnmacht der Energien gibt, immer nur den freien Willen.

∞

Ja, das ist richtig.

Es bietet sich die Frage an, warum Seelen sich in sehr komplizierte Umstände hineingebären lassen? Inkarnieren Seelen wirklich freiwillig in Kriegsgebiete oder Orte der Unterdrückung oder Orte, in denen Kinderarbeit o.ä. herrscht?

Das kann ich dir nicht beantworten, doch vermute ich, dass es um die Erweiterung der Seele und nicht um die Wahrnehmung des Leides geht. Diese Seelen haben sich in derartige Formen gebracht, damit sie aus ihnen ausbrechen können. Das wäre zumindest meine Vermutung, auch wenn ich ungern vermute. Das ist mir nicht wirklich recht.

Dann kann ich dazu ja vielleicht eine andere Wesenheit befragen.

Ja, das solltest du, vielleicht den kosmischen Vater, da diese Problematik so weitreichend ist, dass ich dies auch gerne einmal erfahren würde.

Könnte man dennoch pauschal sagen, dass alle Seelen deshalb in Umstände einer Mangelerfahrung hineingehen, um eben aus dieser Enge heraus ihre eigentliche Kraft zu finden, die sie noch erweitern wollen?

Ja.

Dann gehen wir zurück zum Thema Geburt. Du wolltest noch beschreiben, was genau es bedeutet, in der „Nähe der Mutter" zu sein, wenn es doch gar keine Örtlichkeiten gibt. Dann ist das Wort Nähe

ja etwas anders gemeint. Bitte beschreibe mir das genauer.

Die Seele befindet sich in Bereitschaft und möchte inkarnieren, wartet noch bis die ein oder andere Form des Körpers vollendet ist und wandelt wieder und wieder in ihn. Doch auch immer wieder aus ihm heraus.

Wie kann ich mir das vorstellen? Ist das ein dauerhaftes Hin und Her, Hinein und wieder Hinaus in der kleinen Menschenform?

Das ist in etwa so, wie du es gerade beschrieben hast. Es sind unendliche Kräfte, die wirken, wenn die Seele in den Körper geht und dort belebt sie ihn.

Kann man sagen, dass die Babies nur dann strampeln, wenn die Seele gerade wieder in dem kleinen Körper ist?

Das kann man sagen, sonst ist es nur ein Leben, das als Organismus existiert doch ohne lenkende Impulse. Die Menschen, die deratige Impulse verspüren, sollten sich umso mehr diesem Moment und diesen Bewegungen widmen, denn dann ist die Seele wirklich im Körper des Kindes.

Und gibt es auch Energien, die dauerhaft in dem kleinen Körper bleiben?

Das kommt selten vor, da die Seele die Weite des Kosmos braucht und die Enge des Körpers nicht unbedingt sucht. Die Enge des Körpers ist eine Begleitserscheinung, die sie eingehen muss, um zu inkarnieren, doch letztlich fühlt sich die Seele

∞

wohler ohne Körper.

Gut, und wie kommt es dann nach dieser Zeit zur Geburt? Bitte berichte mir die nächste Phase.

Dann ist die Formung des Körpers so weit abgeschlossen, dass er die Wahrnehmung als Mensch beginnen möchte. Die Atemorgane sind bereit zu atmen und der Organismus möchte nicht mehr über die Nabelschnur versorgt werden. Die Augen möchten sich öffnen. Alles möchte beginnen, die eigentliche Form ganz zu leben. Die Seele weiß nun, dass alles bereit ist, um zu inkarnieren und begibt sich kurz vor der Geburt in den Körper des Kindes in der Mutter. Das kann schon ein paar Tage vor der eigentlichen Entbindung sein aber auch tatsächlich kurz davor. Das liegt an der freien Entscheidung der Seele, die inkarniert.

Und dann?

Die Geburt wird als Seele eine wirklich unangenehme Erfahrung, da die Seele weiß, dass sie nun nicht mehr so leicht wie bisher aus dem Körper treten kann, aber auch weiß, dass die Geburt Gefahren mit sich bringen kann und es passieren kann, dass bleibende Schäden am Körper entstehen können, die wiederum ein blockiertes Wachstum bedeuten würden. Dieses Risiko ist die unangenehme Wahrnehmung einer Seele, wenn die Menschen Kinder gebären.
Als Rat bitte ich euch, werdende Mütter, diese Ängste einer Seele bitte mit Liebe zu halten. Damit meine ich, dass ihr bitte der Seele zusprecht, dass ihr sie liebt und dass ihr ihr Halt

∞

*gebt und alles dafür tut, dass dieser Zustand bald vorüber-
geht. Dann beruhigt sie sich und vertraut dieser Kraft in euch.*

Was passiert denn beim Kaiserschnitt, das ist ja eine andere Art der
Geburt?

*Das ist eine sehr wichtige Frage, Liebes, denn wer glaubt,
dass diese Art von Geburt die einfachere für die Seele bedeutet, irrt. Die Art und Weise, wie eine Seele in den Körper geht
ist eine verbindende.*

*Wenn ihr also beginnt, die Geburt über die normalen Ereig-
nisse zu erfahren, dann hat die Seele die Möglichkeit, diesen
Prozess vorweg einzuleiten und sich darauf einzustellen, dass
nun die Zeit gekommen ist, lange mit einem engen Körperkleid zu leben. Doch wer einen Kaiserschnitt tut, der nimmt
der Seele die Möglichkeit, diesen Zustand rechtzeitig zu wählen. Der Entschluss der Ärzte, die Entbindung zu tun, wann
immer es ihnen in den Zeitplan passt, bringt verschiedene Gefahren mit sich, denn es kann sein, dass ihr tatsächlich einen
Körper und seine Lebenskraft aus dem anderen Körper ent-
nehmt, doch die Seele ist vielleicht gerade nicht in ihm. Dann
beginnt eine wirkliche Tortour für die Seele, denn ihr holt den
Körper aus dem Körper und die Seele muss in ihn hinein. Das
bringt Stress und Komplikationen mit sich, die ihr nicht fassen könnt mit eurem Bewustsein. **Die Seele muss sich selbst
entscheiden, wann sie letztlich in den Körper tritt.** Die Art
dieser Entbindung aber greift in diese freie Entscheidung ein.
Das ist schwierig zu beschreiben, doch es ist ein Eingriff in
einen kosmischen Ablauf, daher bitte ich euch, wenn ihr auf
derartige Weise entbinden möchtet, dann informiert die Seele*

∞

rechtzeitig davon. **Sprecht mit dem Kind, wenn ihr es spürt und dadurch sicher sein könnt, dass es gerade in euch lebt. Besprecht mit ihm, dass ihr den Tag festgelegt habt und diesen mehrfach fühlt. Ich meine damit, dass ihr immer wieder der Seele Beruhigung gebt, dass sie weiß, dass sie sich darauf vorbereiten soll.**

Also du meinst nicht, dass es generell nicht gut ist, sondern, dass sie die Verbindung zu der Seele spüren sollen und dies nutzen sollten, ihr diese Entscheidung rechtzeitig zu kommunizieren.

Das ist richtig.

Gehen wir mal davon aus, die Seele wurde ausreichend informiert und alles ist diesbezüglich in Ordnung. Ist diese Art der Geburt nicht trotzdem die bessere, weil es weniger stressbesetzt ist für die Seele, da sie nicht den Gefahren der Geburt über den engen Geburtskanal ausgesetzt ist?

Das mag sein, doch energetisch ist die normale Art Kinder zu bekommen immer noch die richtigere. Ich möchte darüber nicht zu sehr richten, da es tatsächlich eine Frage der einzelnen Seelen ist. Mancher sucht die Enge als Eintrittstor in die Enge. Andere fühlen die Freiheit im Kaiserschnitt unangenehm als Verwirrung in die Enge. Es ist verschieden wie die Wahrnehmungen des Kosmos.

Was passiert, wenn ein Leben, wie auch immer geboren, nach der Geburt keine Luft holt und dadurch der Körper wieder stirbt? Ist das dann aufgrund des freien Willens der Seele geschehen, oder was

genau passiert dann?

Das ist eine sehr wichtige Frage. Danke dir dafür.
Die Seele, die nicht inkarnieren kann, bleibt dann noch Teil dieses leblosen Körpers, doch wandert sie relativ bald wieder in die kosmischen Felder hinein. Ich würde in eurem Zeitmaß nicht mehr als vier Stunden benennen, die die Seele noch in und bei diesem Körper weilt.
Doch wer dazu eine genaue Beschreibung möchte, der sollte dann das Kapitel Übergang lesen, denn letztlich ist dies dann ein toter Körper und die Seele ist noch bei ihm. Dazu möchte ich jetzt nicht allzu viel berichten.

Wie kann das passieren, warum passiert so etwas, dass nach all der Zeit des Hinein und Hinaus während der Schwangerschaft dann letztlich doch die Seele nicht ganz inkarnieren will?

Das ist unterschiedlich. Die Seele ist eine vielfältige Kraft. Manches Leben wird beseelt, doch reicht die Seelenkraft nicht, das Leben dann wirklich voll zu beseelen. Und das bedeutet, dass letztlich die innere Kraft dieses Wesens nicht reicht, um es tatsächlich ins Leben lebendig zu holen. Ich meine damit, dass die inkarnierende Seele wenig Energie hatte und dadurch nicht genügend Kraft, diesen Körper zu beseelen. Verstehst du?

Das verstehe ich. Das weist auf die Thematik der unterschiedlichen Kraftpotenziale der Seelen hin. Diese Kraft muss also nicht zwingend auf der Erde inkarnieren, sondern sie schaut dann weiter, wo sie die passende Form findet, um zu wachsen, richtig ?

∞

Ja, das ist richtig. Die Formen sind so vielfältig wie die Blumen einer Blumenwiese, wenn ich das als Beispiel nehmen darf. Doch nicht immer muss es die Erde sein. Die Erde allgemein ist ein sehr beliebter und warmer Planet, daher zieht es viele Resonanzen in die Aura der Erde. Doch wenn hier keine organische Möglichkeit besteht, die der suchenden Energie die Möglichkeit des Wachstums und der Entfaltung bietet, dann findet diese suchende Energie dies eben woanders.

Verstehe. Was ist, wenn Kinder den Kindstod sterben, was passiert da?

Dann ist eine Entscheidung der Seelen getroffen, dass sie diese Form nicht weiter beleben möchten. Ich möchte hier nicht verwirren. Denn einerseits ist die Inkarnation in einen Körper eine sehr intensive und weitreichende Entscheidung, doch andererseits ist es möglich, die jungen Körper zu nutzen, um die Form zu versuchen.

Das heißt, dann kann die Seele tatsächlich noch entscheiden, wieder zu gehen? Warum geht das dann nicht immer, also auch wenn man älter wird, warum nur in den ersten Monaten?

Das ist eine Frage der Kraft der Körperlichkeit. Ist die Seele frisch in den Körper des Kindes inkarniert, ist ihre Kraft die Kraft, die den Körper bewegt. Solange diese Kraft die größere ist, kann sie auch entscheiden, wann sie den Körper verlässt. Doch verringert sich diese Kraft mit der Kraft des heranwachsenden, menschlichen Körpers. Dann wechselt dies und die körperliche Kraft wird stärker, und damit hat die Seele eine derartige Willenskraft nicht mehr.

Mit wie vielen Jahren ist dieser Wendepunkt zwischen der Seelenkraft und der körperlichen Kraft?

Das endet ungefähr mit dem ersten Lebensjahr.

Und warum kann es sein, dass eine Seele dann doch gehen will?

Das weiß ich nicht. Das ist ihr freier Wille und wenn sie das so möchte, dann muss das respektiert werden. Die Verwandlung in die Weite des Kosmos zurück ist keineswegs eine Bedenkliche. Es ist einfach nur ein Schritt in eine andere Form zurück. Doch keineswegs negativ.

Kann es sein, dass diese Seelen hoffen, eine besondere Form des Seins zu erfahren, dann aber erfahren, dass die Umstände, die ja vom freien Willen der Menschen um dieses Kind herum, also den Eltern, entstanden sind, sich doch nicht so entwickeln, dass diese Form letztlich nicht mehr die gewünschte Form darstellt? Sich also verwandelt hat?

Das kann sein, doch möchte ich mich von derartigen Wertungen fernhalten.

Zurück zur Art der Geburt. Was genau geschieht denn bei Frühgeburten?

Das ist eine sehr komplizierte Sache, denn genauso wie bei der Erfahrung über die nicht natürliche Entbindung beginnt hier ein Eingriff in die freie Entscheidung der Seele und dieser Eingriff bedeutet Stress für diese Seele. Diese Tatsache bedeutet, dass die Seele früher in den Körper eintreten muss, um ihn zu beseelen. Das wiederum in einen unfertigen Körper. Das alles ist nicht wirklich optimal und bedeutet wie schon erwähnt Stress für diese Seele und eine inkarnierende Seele mit einem Geburtsthema.

Du meinst also, dieses Erlebnis bleibt natürlich Teil der Erinnerung der Seele und braucht sicher Zeit, um ausgeglichen zu werden?

Das ist richtig. Derartige Menschen haben immer das Gefühl, die Lebenskraft noch nicht richtig entwickelt zu haben. Daher müssen sie umso mehr leben, umso mehr Intensität leben und versuchen zu erfahren.

Gehen Gefahren damit einher? Es gibt ja auch Seelen, die dann doch noch umkehren und nicht inkarnieren wollen, dann schafft es der kleine Körper im Brutkasten nicht.

Ja, das ist richtig.

Man sagt auch, die Charakter der Kinder erschaffen die richtigen Aufgaben für die jeweiligen Eltern, was sagst du dazu?

Das ist nicht richtig, denn viel Verantwortung liegt bei den Eltern, doch auch viel Verantwortung bei den Seelen, die inkarnieren. Die volle Verantwortung der ganzen Erfahrungen nur in die Sicht der Eltern zu legen, ist nicht richtig. Denn das würde bedeuten, dass der Eigenverantwortung - dem freien

Willen der Seelen - keinerlei Beachtung geschenkt wird.

*Ihr habt natürlich mit der Entscheidung, dass ihr Eltern werden wollt, auch eine Verantwortung und damit auch eine Bereitschaft für besondere Erfahrungen, doch nicht diese eine Seele kommt nur, um euch eine Erfahrung zu schenken. Diese eine Seele will leben oder sie will es eben nicht. Die Wertung in derartigen Dimensionen, wie ihr es manch einmal tut, ist nicht richtig. **Die freie Entscheidung der inkarnierenden Seele ist letztlich die, die mehr zählt als die der Eltern.***

Was müssen die Eltern beachten, wenn sie ein Kind bekommen haben und es nun beginnt zu leben?

Eine Seele, die in einen Körper inkarniert ist, braucht nun Ruhe und Liebe, um diese zu erfühlen und den Körper langsam anzunehmen, wie er als Mensch und nicht als Baby in einem Fruchtwasser existiert. Die Menschen sollten die Kinder rasten lassen und nicht zu sehr mit ihren Berührungen und den Worten ablenken. Die Menschen sollten sie eine Weile fühlen lassen, was nun die neue Wahrnehmung alles bedeutet für diese Seele.

Und wie ist das, wenn Kinder so viel schreien? Was kann man da tun?

Das ist eine ganz normale Art dieses Wesens sich auszudrücken, daher möchte ich diese Eltern darauf hinweisen, dass sie Liebe und Hinwendung diesem Lebewesen bringen. Kommunikation bedeutet als Kind auch oft schreien, doch dies muss nicht so sein. Schenkt dem Kind Aufmerksamkeit.

∞

Es gibt Menschen, die sagen, dass sich die Kraft der Seele in den ersten Menschenjahren als Kind noch voll ausdrückt. Das hast du ja auch schon angeschnitten bezüglich der Seelenkraft, die von der körperlichen Kraft verdrängt wird. Das bedeutet ja, dass man diese Seelenkraft in den Kindern deutlicher erkennen kann als danach?

Das ist richtig, daher meine Bitte an euch: Beobachtet die Kinder. Lasst sie ruhen, lasst sie eine Weile mal nur mit sich und beobachtet, was sie tun, was sie suchen, was und wie sie reden, wenn sie reden wollen, was sie verwirklichen wollen, wenn sie etwas tun möchten. Die Art und Weise, wie sie sich bewegen. Die Art und Weise, wie sie schauen, die Art und Weise, wie sie existieren verrät euch, welche Seelenkraft darin schlummert. Das wird im Laufe der Jahre, die die Seelen in eure Strukturen eingebettet sind, sich immer weniger zeigen. Daher benutzt diese ersten Monate und Jahre, um die eigentliche Energie dieses Wesens zu erfahren.

Kann man sagen, dass ab der Schulzeit dann die menschlichen Strukturen uns so fest umklammern, dass ab diesem Zeitpunkt jegliche Seelenkraft verdrängt ist?

Das kann man allerdings.

Oh, tatsächlich. Dann wird es Zeit, dass es Schulen gibt, die auch seelische Inhalte lehren ...

Das wäre eine Maßnahme. Vielleicht kannst du dazu Impulse geben. Wir werden es sehen.

Ja, das werden wir.

Ich möchte noch einmal zurück zur Thematik der Geburt. Wie bekommt eine Seele mit, dass eine Mutter bereit ist, einen Körper zu gebären, der die Form für diese Seele bieten kann?

Ganz einfach. Das Leben in einem solchen Körper und in dieser Form beginnt zu strahlen. Der Kosmos bemerkt dies und will diese Form beseelen. Das ist wie eine Form, die leer ist und der Kosmos aber keine Leere erlaubt, daher drängen die Energien in diese Form, sobald sie bereit ist, gefüllt zu werden.

Also nehmen alle Seelen, alle Körper wahr, die gerade bereit sind; und sowie die Form bereit ist, kraftvoll genug ist, geschieht es? Es braucht also die Bereitschaft der Seelen und die Bereitschaft der Mütter, richtig?

Das ist richtig. Es funktioniert von ganz alleine. Niemand muss etwas tun, ES „tut".

Die Befruchtung des Eis selbst ist aber eine rein körperliche Sache und keine energetische, richtig?

Das ist richtig. Es ist eine rein körperliche Sache. Dazu braucht es keinerlei Energetik, keinerlei Grundlagen außer die Gesundheit des Körpers, der diesen Prozess ermöglicht.

Aber es gibt Menschen, die wünschen sich Kinder und werden nie schwanger, machen die etwas falsch?

∞

Nein. Die Bereitschaft der körperlichen Umstände ist dann einfach nicht gegeben. Der Kosmos ist immer bereit. Das Einzige, was ihr erschaffen müsst, ist die richtige und gesunde Form.

Wie ist das, wenn eine Mutter ihr Kind nicht annehmen möchte, es dennoch aber gebärt. Was bedeutet das kosmisch gesehen?

Derartige Impulse werden vom Kosmos wahrgenommen, doch bedeuten sie keineswegs, dass eine gesunde Form nicht belebt wird. Die Beseelung dieses Körpers findet also in jedem Fall statt, sowie die körperlichen Voraussetzungen gegeben sind. Die Mutter wiederum begibt sich in eine Verantwortung, die sie natürlich dieser Seele gegenüber hat, wie ich schon erwähnt habe, Liebe zu geben. Die Art und Weise, wie diese Mutter nun Liebe gibt, ist eine eigenverantwortliche.

Kann die Seele irgendwelche Schäden nehmen, wenn sie spürt, sie ist nicht willkommen bei ihrer Mutter oder/und ihrem Vater?

Ja, das ist richtig, denn Liebe ist eine kosmische Kraft, und fällt eine inkarnierte Seele in eine derartig haltlose Form, dann bedeutet das viel Ausgleichsbedarf dieser Seele in diesem Leben. Sie wird vielleicht Liebe in anderen Formen und auf andere Art vermehrt suchen als andere dies tun.

Machen sich die Eltern in solch einem Fall „schuldig", auch wenn ich dieses Wort nicht mag, aber es passt, um zu fragen, was ich meine?

Nein. Die Verantwortung liegt bei ihnen selbst. Die Art und

Weise, wie sie diesen Prozess leben, ist ihre Entscheidung und wenn sie meinen, dass sie diese Erfahrung ohne Liebe weitergeben möchten, dann ist dies so und schwächt ihnen nur die Verbindung in den Kosmos. Verunreinigung geschieht dann. Aber dies wiederum ist ihre Aufgabe und von Schuld reden wir nicht, das weißt du.

Ja, bitte entschuldige, ich versuche es zu vermeiden.
Ich habe noch eine weitere Frage zum Thema der Bereitschaft der Seelen für die Inkarnation. Ab wann sind die Seelen bereit zur Inkarnation? Erst ab dem Ablauf der vier Monate oder schon ab dem Moment der Befruchtung ? Ab wann „spürt" der Kosmos, dass hier Leben entsteht, das beseelt werden will/kann?

Die Seelen merken, dass ein Leben entstehen kann, über die Frequenzen, die in dem Mutterleib entstehen. Diese Information besteht im Kosmos und ist von allen Wesen wahrnehmbar, wenn sie dies möchten. Daher besteht ab dem Moment der Eizellenbefruchtung eine gewisse Art Bereitschaft der Seelen.

Und was geschieht, wenn ein Mensch innerhalb dieser vier Monate abtreibt? Also ganz bewusst dieses Leben und diese Form wieder zerstört. Wird dieser Mensch dann zu einem Feind des Lebens oder wie verhält sich das?

Danke dir für diese wichtige Frage. Ich freue mich darüber, auch wenn das Thema selbst nicht nur schön ist. Denn wenn ein Mensch das Leben, das in ihm entstehen kann, beginnt zu vernichten, beginnt eine Erfahrung, die er ausgleichen muss. Das Leben, das in ihm entsteht, ist eine kosmische Fügung

und die Menschen, die diese Form bewusst zerstören, begeben sich in einen Bereich, die kosmischen Kräfte zu berühren, wo es wahrhaftig nicht möglich ist, die Resonanzen dieser Tat zu beschreiben. Das ist vielfältig und sehr differenziert. Denn der eine Mensch vollbringt so viel Gutes und lebt so viel Liebe, dass er diese Entscheidung nicht als Feind des Lebens tut, sondern aus einer liebevollen Kraft heraus, die unter Zwängen außer jeder weiteren dunklen Erzeugung an Resonanzen durch diese Tat handelt.

Doch andere, die weniger Liebe in sich tragen, handeln aus einem negativen Impuls heraus, und dies ist nur ein weiterer Stein der Unbewusstheit, der ihr Schicksal bestimmt. Daher ist es nicht leicht dies zu beschreiben.

Wichtig ist, dass ihr immer und immer, immer, immer alles, was ihr tut, verbunden und in Liebe tut. Ihr könnt sogar das Leben eines beginnenden Lebens in euch beschließen zu beenden, doch ihr müsst es bewusst und liebevoll beenden. *Das ist erlaubt, wenn es tatsächlich bewusst und in tiefer Verbindung mit dem Kosmos geschieht, noch bevor die Seele in den Körper eintritt ein erstes Mal.*

Das klingt sehr komplex.

Das ist es, daher ist es schwer, das festzuhalten in einfachen Worten. Bitte entschuldige, ich hoffe, ich konnte dies dennoch tun.

Ja, keine Sorge, ich verstehe das Zusammenspiel von Eigenverantwortung, Erlaubnis und Liebe vor allem in derartig heiklen Situationen.

Dann machen wir noch einen kleinen Ausflug in die Thematik der kraftlosen Seelen. Was passiert mit ihnen, wenn sie sich eine andere Form auf der Erde suchen wollen? Welches ist die kleinste Form, die Seelen auf der Erde in sich aufnehmen kann? Sind beispielsweise Ameisen beseelt?

Das ist auch eine wunderbare Frage, danke dir dafür. Die Seelen, die schwach sind, haben die Möglichkeit, in Tiere zu inkarnieren, doch ist dort auch eine Art Wahlmöglichkeit nur in bestimmten Rahmen möglich. Die von dir benannte Ameise ist ein Organismus, der als solcher funktioniert, doch er ist noch nicht beseelt. Dennoch trägt er Bewusstsein. Das ist ein kleiner feiner Unterschied. Die Energien haben Bewusstsein, doch Seelen sind viel mehr als nur Energie mit Bewusstsein. Sie tragen Erinnerungen in sich.

96

Ab wann beginnt dann die Form, die Seelen tragen kann?

Das ist von Planet zu Planet unterschiedlich, doch in eurer Welt, auf eurem Planet ist es die Form einer Maus. Das erste Lebewesen, das Seelen tragen kann, sind alle Tiere, die die Größe einer Maus haben.

Das heißt, man kann davon ausgehen, dass alle Mäuse beseelt sind, von etwas schwächeren Seelen, die Erinnerungen in sich tragen?

Das kannst du so nicht sagen. Die Energie, die eine Maus hat, reicht, um eine Seele aufzunehmen. Doch MUSS sie dies nicht. Es ist eine Form, die wie ein Zwischenwesen besteht. Es bietet die Möglichkeit, aber es muss nicht dazu zwingend kommen.

Die Frage, die du stellen solltest, ist, wann bemerkt man, ob eine Maus beseelt ist oder wann nicht ...

Wann merkt man es denn?

Die Maus, die Formen beginnt zu leben und die beginnt, Intelligenz zu entwickeln, wie sie einem menschlichen Körper entspricht, ist beseelt.

Dann kann man ja pauschal davon ausgehen, dass einige der Labormäuse vielleicht beseelt sind?

Das ist leider richtig und gerade dort finden sich die Möglichkeiten, die die Seelen brauchen, um in eine derartige Form zu inkarnieren. Wer also dort mit derartigen Lebewesen experimentiert, der experimentiert durchaus an Lebenwesen mit einer Seele.

Werden dann die Mediziner, die mit Mäusen experimentieren und gar nicht wissen, ob die eine oder andere nun beseelt ist oder nicht, zu Feinden des Lebens?

Das werden sie, ja.

Aber wenn sie ihre Arbeit doch machen mit dem Ziel, menschliche Krankheiten zu heilen, sind sie dann kosmisch gesehen immer noch Feinde des Lebens?

*Das funktioniert nicht. Das Forschen der Menschen darf nicht das Leben unter die Forschung stellen. **Das Leben selbst be-***

deutet mehr als jede Information, die ihr über das Morden erreicht.

Was passiert mit den Menschen, die im Dienste der Wissenschaft Derartiges tun?

Diese Menschen werden zu Feinden des Lebens und sie müssen ausgleichen, ob in diesem oder in einem anderen Leben. Der Ausgleich wird von ihnen gefordert. **Die Lebewesen, die wie alle Tiere auf eurem Planeten eurer Macht ohnmächtig untergeben sind, fordern den Ausgleich von euch. Jedes Einzelne.**
Jedes Einzelne!

Zurück zur Größe der Beseelung. Wenn ab einer Größe einer Maus alles ausreichend genug Körper bietet, um eine Seele in sich zu tragen, heißt das ja auch, dass Ratten beseelt sein können, richtig?

Ja, das ist richtig. Der ausschlaggebende Punkt ist die Kraft des Organismus, die Energie zu halten. Es ist wie eine Form, die bestimmte Umstände braucht, um eine bestimmte Energie „auszuhalten" oder zu „binden", oder zu „führen!"

Also befindet sich in der Ameise nur die Energie mit einem Bewusstsein, aber eine Seele mit Erinnerungen kann ab der Größe einer Maus oder Ratten einen Körper beleben. Kann, aber muss es nicht, richtig?

Ja, genau.

Die ausschlaggebende Entscheidung liegt bei der Seelenkraft selbst.

∞

Will sie in eine derartige Form oder nicht.

Und was ist mit etwas größeren Tieren? Bieten sie auch die Wahlmöglichkeit oder brauchen sie unbedingt eine Energie mit Erinnerung in sich?

Alle Tiere ab der Größe der Maus bieten die Möglichkeit einer Beseelung.
Alle Tiere, außer die der Gruppe der Wale, bieten die Plattform dieser Möglichkeiten, doch können sie auch ohne die Beseelung leben.

Und beim Menschen ist der Organismus wiederum nur MIT Beseelung lebensfähig, richtig?

Ja, genau.

Ist der menschliche Organismus dadurch etwas Besonderes auf dem Planeten Erde?

Das kann man sagen, denn er bedingt, dass er nur inklusive einer Seele existieren kann. Eine seelenlose Menschenform gibt es nicht.

Echt? Und das obwohl Menschen manchmal so grausam sind, dass man denkt, sie seien seelenlos?!

Das verstehe ich, doch ist es wirklich so. Auch diese Wesen, die derartig grausam wirken, sind mit einer Seele beseelt.

Und wieso sind die Wale ähnlich wie die Menschen die Organismen, die auch nur mit einer Seele existieren können?

Das ist eine gute Frage. Die Wale, liebe Sylvia, sind die Bindeglieder der Menschen mit den Tieren. Sie beseelen die Welt des Wassers und leben in dieser Form, aber eigentlich befinden sich Seelen in ihnen.

Also trägt jedes Tier, das zur Gruppe der Wale gehört, eine Seele in sich, auch Delphine?

Das ist richtig.

Aber es gibt so grausame Walfänger ... und gerade Wale haben so etwas Liebevolles.

Du meinst, sie strahlen eine liebevolle Kraft aus. Das ist die Seelenkraft in ihnen.

Aber wieso sucht sich eine Seele die Form eines Wales aus?

Das ist ihre Entscheidung, ich weiß es nicht. Es bietet dieser Seele eben diese Form und in dieser Form möchte sie erfahren. Das ist alles.

Das bedeutet ja, wenn Menschen Wale umbringen, dann bringen sie eine beseelte Form um.

Das ist richtig. Doch dazu habe ich schon viel gesagt. Alle Tiere sind ohnmächtig euch gegenüber. Die Beendung eines

solchen Lebens bedeutet immer, dass ihr zu Feinden des Lebens werdet und diese Taten ausgleichen müsst.

Das bedeutet ja, dass man in den Augen eines Wales immer eine Seelenkraft betrachtet, die eine Erinnerung trägt ...?

Das ist richtig.

Heißt also, alle Tiere ab der Größe einer Maus KÖNNEN eine Seele
aufnehmen, müssen dies aber nicht?

Ja, genau.

Das heißt, wenn ich das Gefühl habe, meine Katze benimmt sich
nicht wie eine normale Katze, dann ist das ein Indiz dafür, dass eine
Seele mit Erinnerungen in ihr wohnt und nicht „nur" eine Energie
mit Bewusstsein?

Das ist richtig.

Aber wie kann eine Seele in einem Tier Reinheit erfahren, wenn sie
ausschließlich durch animalische Impulse existiert?

Es ist möglich, weil es keinerlei Ego besitzt.

Das heißt, das Tier folgt nur den tierischen Impulsen, berechnet
nicht, sondern folgt nur diesen Trieben, und damit ist es fest verankert im kosmischen Gleichgewicht?

Das ist richtig, ja.

Reinigt die Seele deshalb, während sie in einem tierischen Körper ist, weil sie immer in diesem kosmisch harmonischen Konstrukt agiert?

Ja, genau. Deshalb wählen einige Seelen diese Formen, um keine Risiken der weiteren Verunreinigung einzugehen. Das ist einer der Hauptgründe, warum sie in Tiere inkarnieren.

Aber können sie dabei ihre Kraft steigern?

Nein, sie können nur reinigen.

Aber ohne eine bewusste Tat des Ausgleichs, kann man da wirklich reinigen?

Das ist nicht nur an den Ausgleich gebunden. Es ist an die Erfahrung des egolosen Seins gebunden, das dennoch lebt.

Das wirkt wieder sehr kompliziert und komplex.

Das ist es.

Es gibt Lehren auf der Erde, die übermitteln, dass eine Seele, die einmal einen menschlichen Organismus beseelt hat, nicht mehr in einen tierischen Organismus inkarnieren kann ... Das stimmt dann ja gar nicht, nachdem, was du mir gerade erzählt hast?

Das ist falsch. Diese Botschaft ist falsch. Der freie Wille und die freie Entscheidung eines jeden Wesens im Kosmos besteht immerdar. Lediglich die Form braucht es, um die Möglichkeit zu bieten, dass das Leben beseelt wird. Doch es gibt auch un-

∞

beseeltes Leben, wie ihr es bei den ganz kleinen Tieren findet.

Die Seelen wählen also ganz frei, welche Art der Erfahrungen sie machen möchten. Dann nutzen sie die jeweilige Form.

Das ist richtig.

Wenn eine Seele sehr weit und sehr stark ist, kann sie dann dennoch einen kleinen Organismus beleben, bisher war das ja immer an die Schwäche der Seelenkraft gebunden?

Die Kraft einer Seele bedingt ihre Form. *Die gestärkten Seelen und ihre große Kraft kann nicht mehr in kleineren Organismen leben. Das würde den kleinen Körper überlasten. Daher befinden sich in den kleinen Lebewesen überwiegend die schwächeren Seelen, wenn sie überhaupt beseelt sind.*

Jetzt sind wir ein wenig abgeschweift, aber dennoch war es sehr interessant. Lass uns zurück zum Thema Geburt kommen. Wer beschließt die Inkarnation?

Die Seele.

Und gibt es Seelen, die inkarnieren wollen, es aber nicht können?

Das kann nicht sein, da eine bereite Seele auch ihre Bewegung beginnt und dadurch der Prozess beginnt. Dass eine Seele keine Beschleunigung erfährt, obwohl sie dies beschlossen hat, ist unmöglich, denn die kosmischen Gesetze folgen den Impulsen der Seelen.

Was passiert, wenn Kinder nach der Geburt alleine gelassen werden, Scientology praktiziert das ...

Das unerfüllte Erfahren von Liebe dieser Seele in dem Körper veranlasst durchaus auch, dass sie wieder beschließt, zu gehen. Die Berührung ist ein Teil der Wahrnehmung, welche die Seele fühlen will. Diese Kinder, die ganz ohne Berührung diese Zeit erleben müssen, besonders auch in abgedunkelten Räumen, wollen dies nicht mehr und beschließen dann zu gehen. Daher geschieht dann der Kindstod, der auch unter anderen Umständen geschieht.

Warum tun diese Glaubensgemeinschaften das?

Das weiß ich nicht, Liebes. Die Unbewusstheit der Menschen ist grenzenlos.

Oder wenn eine Mutter plötzlich, vielleicht durch einen Unfall, früh stirbt, das Kind aber noch gerettet werden kann und dann im Brutkasten aufwächst? Heißt das, dass dann die Seele in den Körper hinein muss, ohne sich langsam an ihn zu gewöhnen, wie du beschrieben hast?

Genau, die Seele kann nicht mehr wechseln, sie muss in dem unfertigen Körper bleiben.

Aber dann muss sie da ja ganz schnell hinein, wenn es beispielsweise so ist, dass die Mutter plötzlich verstirbt.

Das ist richtig und dies wird dann zum Stress für die Seele, da

∞

sie sofort in den Körper eintreten muss, den sie eigentlich erst langsam erfahren wollte. Das bedeutet, Verengung und Haltlosigkeit, weil die Heimat der Mutter nicht mehr gegeben ist. Diese Seele verliert also einerseits die Wahrnehmung der kosmischen Heimat und gleichzeitig die Wahrnehmung der mütterlichen Heimat. Das ist eine sehr eigene Erfahrung, doch so manche Seele möchte dies eben erfahren.

Danke dir.
Liebe.

Geburt - Impulse

Ich möchte in diesem Werk den Menschen noch mehr praktische Übungen mitgeben. Unter diesem Gesichtspunkt bitte beginne, was du weitergeben möchtest, mit praktischen Tipps zu untermalen.

Anfangen möchte ich mit dem Prozess des Übergangs von der Seele in den Körper, den ihr als Geburt bezeichnet. Dabei werden sehr viele überirdische Kräfte vereint und dazu berate ich gerne das Elternpaar mit ein paar Informationen, wie ihr über praktische Übungen der inkarnierenden Seele helfen könnt, durch diesen Prozess hindurch zu gelangen, ohne Ängste.

Möchtest du dazu praktische Übungen durchgeben oder ein Ritual? Wie möchtest du den Menschen helfen?

Über allgemeine Übungen.

Okay, dann bitte beginne. Wir beginnen mit Nummer Eins, oder wie?

Wir beginnen mit Nummer Eins von Vier:

Nummer Eins
Das erste praktische Üben möchte ich mit den Menschen außerhalb der gewohnten Parameter beginnen, indem wir das Wesen Anubis rufen. Denn Anubis wirkt in all den Prozessen als sehr ausgleichend und hilfreich im Wirken bei der Ver-

wandlung der Energien aus der Feinstofflichkeit in die Materie wie auch daraus heraus. Daher bitte ich euch, nutzt folgende Worte, um Anubis anzurufen:

„Das Wesen Anubis rufen wir in Liebe und Hingabe, um die Kraft der Seele, die unser lebendiges Kind beleben wird, zu stabilisieren.

Wir bitten dich Anubis, wirke durch alle Zellen des kleinen Körpers wie auch in alle weiteren Formen über diese Zellen hinaus, die diesen Körper formen und stabilisiere dieses Wesen. Hilf ihm bei diesem Prozess des Übergangs, hilf ihm, keinerlei Angst zu empfinden und kraftvoll, liebevoll, rein und herzlich in die neue Form zu gehen."

Dann bedankt euch bitte bei Anubis für die Unterstützung, die von nun an immerdar wirkt mit folgenden Worten:

„Ich bedanke oder wir bedanken uns für deine liebevollen Impulse des Vertrauens der Kraft der Verbindung und der Weite, die dieser Seele Halt und Liebe geben, wo wir es noch nicht können. Danke. Liebe."

107

Was ist die zweite Übung?

Nummer Zwei

Alle Menschen, die werdende Eltern sind, werden mit dem Lebewesen in eine besondere Verbindung treten. Diese Verbindung möchte ich besprechen.

Dazu bitte diese Worte nutzen und dabei das meditative Sitzen leben.

Bereinigt den Raum, in dem ihr euch befindet, mit weißem Salbei und Räucherwerk. Dann begebt euch in diesen meditativen Zustand und sprecht folgende Worte:

„Wenn du, liebe Seele, in den Körper dieses Wesens, das nun entsteht, inkarnieren wirst, dann werden wir dir den Schutz und die Liebe geben, die du jetzt ohne den Körper empfindest, und wir werden dabei immer deine Kraft beschützend dich fördern, lieben, helfen und erheben.

Wenn du weiten willst, dann ermöglichen wir dir die Weite.

Wenn du leben möchtest, ohne Hass und Missgunst, dann versuchen wir dir das zu ermöglichen.

Was immer du dir wünschst, wir helfen dir das zu entfalten, was aus dir heraus leben will.

Werde, was du wirklich bist.

Liebe, wie du wirklich liebst.

Lebe, was du in dir trägst.

Kreiere, was dich berührt.“

Dann begebt euch in eine leise, stille, nachfühlende Position und versucht zu empfinden, ob die Seele sich bereits in eurem Körper befindet oder außerhalb. Aber in jedem Fall wird sie eure Worte hören, daher keine Sorge. Das, was ihr da versprochen habt, wird das Band zwischen euch stärken. Um das Ganze abzuschließen, bedankt euch bei der kosmischen Kraft und wirkt weiter in eurem Leben wie gehabt.

Und nun bitte Übung **Nummer Drei** bitte.

Die Kraft der Erkenntnis, wer in die Form des kleinen Lebewesens tritt, hilft euch, das Wesen darin besser zu verstehen. Daher möchte ich euch eine Aufgabe mit auf den Weg geben, die ihr nutzen könnt, um die inkarnierende Seele besser zu erfühlen:

Wenn ihr den Raum der Meditation bereinigt habt und still

weilt, legt die beide Hände, die des Vaters und die der Mutter, auf den Bauch, dort wo das Lebewesen entsteht. Begebt euch beide in eine sehr bequeme Position, aber haltet eure Gedanken und Gefühle bei der Berührung auf den Bauch. Dann begebt euch über die langsame Meditation in das Wirkungsfeld, das ihr fühlt, also beginnt die Verbindung, mit dem, was eure Hände fühlen, aufzubauen.

Für Menschen die noch keinerlei Verbindung mit anderen Wesen energetisch wirklich bewusst wahrgenommen haben, ist dies am leichtesten zu empfinden über den Herzschlag oder Bewegungen, die ihr mit euren Händen erfühlt. Ihr empfindet dort eine Bewegung, dann versucht das Leben dahinter zu erfühlen. Ist es still, ist es wild, ist es strampelnd, ist es wirkungsvoll oder nur einfach leise präsent? Die Konzentration eurer Aufmerksamkeit auf diese Gefühle eures Körpers beginnt die Ablenkungen des Alltags völlig auszublenden und ihr beginnt die der Energetik des Wesens in diesem kleinen Körper wahrzunehmen.

Das Weiterführende in dieser Übung würde bedeuten, dass ihr dort mehr und mehr fühlt, wie sich dieses Wesen fühlt. Der eine oder andere kann das schon früh, doch generell wird dies etwas länger dauern, denn die Energetik des Wesens über seine Bewegungen ist das eine, aber die Impulse der Seele dahinter zu fühlen, ist tatsächlich eine weitaus schwerere Aufgabe. Aber ich möchte darauf hinweisen, dass dies möglich ist. Über die Impulse des Wesens, die ihr durch euren Körper empfindet, könnt ihr die Verbindung direkt zu dem Wesen aufbauen und bekommt dort Impulse. Wie fühlt es sich? Wie lebt es? All die Dinge, die euch als Gedanken treffen, sind wahrnehmbare Impulse aus dieser Seele heraus. Nehmt sie ernst und nehmt sie wahr.

Dann begebt euch langsam wieder in eure Aufmerksamkeit in das Hier und Jetzt und bedankt euch für diese Impulse. Schreibt sie auf, besprecht euch, tauscht euch aus, aber in jedem Fall bleibt in dieser Verbindung und erinnert euch dessen, was ihr gefühlt habt.

So beginnt die Verbindung mit diesem Wesen, eine andere Ebene zu betreten und ihr könnt darüber hinaus intensiv kommunizieren, auch wenn dies vorerst unbewusst geschieht.

Dann bitte berichte zu Übung **Nummer Vier**.

Übung Nummer Vier beschreibt, das Leben zu begrüßen.
Die Kraft, die ihr in euch tragt und weitergebt als Form von Zellteilung und Vermehrung, diese Kraft könnt ihr beschleunigen und kräftigen, indem ihr positive Kraft in diesen Prozess lenkt. ***Daher bitte lenkt eure Aufmerksamkeit in diesen Körper, der dort entsteht und beginnt, alle Freude, die ihr habt, alle Kraft der Freude, die ihr kennt, zu bündeln und dort einzupflanzen wie eine Blume, die mit ganz viel Wasser der Lebensfreude wirkungsvoll unterstützend zum Wachsen gebracht werden soll.*** *Das wäre in etwa so zu beschreiben.*

Freund der Indianer, um den Menschen ein bisschen zu helfen das zu verstehen. Sie gehen dafür auch in den meditativen Zustand, richtig?

Ja.

Und dann beginnen sie das Wesen zu fühlen und vermitteln ihm all ihre Freude bezüglich seiner Geburt und dessen, was da kommt, oder?

Ja. Das wären die Prozesse. **Lenkt all eure Aufmerksamkeit dorthin. Werdet kraftvoll in euren Gedanken und lenkt diese in diesen kleinen Körper. Alles was ihr habt an Freude, Kraft, Liebe und unterstützende Stärke, lenkt es dorthin und fühlt, wie ihr selbst voller Freude entfaltet, wie die Zentrierung dieser Kräfte alle eure Zellen tatsächlich erreicht und freut euch selbst mit.**

Und dann?

Dann nichts. Beendet, wann ihr es möchtet und geht in euren Tag.

Hmm, das sind sehr viele, sehr schöne Übungen. Ich danke dir vielmals, Freund der Indianer.

Gerne.

Möchtest du noch etwas zu diesem Thema Geburt sagen?

Nein.

Und was ist, wenn die Seele während dieser Übungen gar nicht im Körper weilt, sondern noch außerhalb ist?

Dann könnt ihr nicht mehr dafür tun als schon beschrieben. Liebt das Wesen. Verbindet euch durchgehend mit ihm. Beschützt es und gebt ihm Halt, liebevolle Worte, Kraft und

Wärme. Alles andere beginnt nun aus dieser Seele selbst sein Leben zu lenken.
Der freie Wille wird ab dem Moment der Geburt der eigentliche Impulsgeber, nicht mehr ihr.
Die Ohnmacht der Kindheit als Mensch, trotz des freien Willens, den sie zwar haben, aber dennoch nicht alles so kreieren und verwirklichen können, ist eine andere Thematik, die wir schon besprochen haben. Aber dennoch wird nun von Tag zu Tag der freie Wille ihr Wirken bestimmen und nicht eure Bitten und Wünsche.

Das habe ich verstanden. Danke dir vielmals. Was möchtest du als Nächstes beschreiben? Den Übergang aus dem Leben heraus?

Ja. Das braucht noch ganz andere Übungen und Rituale, die wir Stück für Stück besprechen werden.

Danke dir vielmals.
Liebe.

KOSMISCHER IMPULS

Nummer Eins

Das Wesen Anubis rufen wir in Liebe und Hingabe, um die Kraft der Seele, die unser lebendiges Kind beleben wird, zu stabilisieren.

„Wir bitten dich Anubis wirke durch alle Zellen des kleinen Körpers wie auch in alle weiteren Formen über diese Zellen hinaus, die diesen Körper formen, und stabilisiere dieses Wesen. Hilf ihm bei diesem Prozess des Übergangs, hilf ihm keinerlei Angst zu empfinden und kraftvoll, liebevoll, rein und herzlich in die neue Form zu gehen. Ich bedanke oder wir bedanken uns für deine liebevollen Impulse des Vertrauens der Kraft der Verbindung und der Weite, die dieser Seele Halt und Liebe geben, wo wir es noch nicht können. Danke. Liebe."

Nummer Zwei

„Wenn du, liebe Seele, in den Körper dieses Wesens, das nun entsteht, inkarnieren wirst, dann werden wir dir den Schutz und die Liebe geben, die du jetzt ohne den Körper empfindest, und wir werden dabei immer deine Kraft beschützend dich fördern, lieben, helfen und erheben.

Wenn du weiten willst, dann ermöglichen wir dir die Weite.

Wenn du leben möchtest, ohne Hass und Missgunst, dann versuchen wir dir das zu ermöglichen.

Was immer du dir wünschst, wir helfen dir das zu entfalten, was aus dir heraus leben will.

Werde, was du wirklich bist.

Liebe, wie du wirklich liebst.

Lebe, was du in dir trägst.

Kreiere, was dich berührt."

Nummer Drei.

*Wenn ihr den Raum der Meditation bereinigt habt und still weilt,
legt die Hand beide, der Vater und die Mutter, auf den Bauch, dort
wo das Lebewesen entsteht. Begebt euch beide in eine sehr bequeme
Position, aber haltet eure Gedanken und Gefühle bei der Berührung auf den Bauch. Dann begebt euch über die langsame Meditation in das Wirkungsfeld, das ihr fühlt, also beginnt die Verbindung, mit dem, was eure Hände fühlen, aufzubauen.*

Nummer Vier

*Die Kraft, die ihr in euch tragt und weitergebt als Form von Zelltei-
lung und Vermehrung, diese Kraft könnt ihr beschleunigen und kräftigen, indem ihr positive Kraft in diesen Prozess lenkt. **Daher bitte
lenkt eure Aufmerksamkeit in diesen Körper, der dort entsteht und
beginnt, alle Freude, die ihr habt, alle Kraft der Freude, die ihr
kennt zu bündeln und dort einzupflanzen wie eine Blume, die mit
ganz viel Wasser der Lebensfreude wirkungsvoll unterstützend zum
Wachsen gebracht werden soll.** Das wäre in etwa so zu beschreiben.
**Lenkt all eure Aufmerksamkeit dorthin. Werdet kraftvoll in euren
Gedanken und lenkt diese in diesen kleinen Körper. Alles was ihr
habt an Freude, Kraft, Liebe und unterstützende Stärke, lenkt es
dorthin und fühlt, wie ihr selbst voller Freude entfaltet, wie die
Zentrierung dieser Kräfte alle eure Zellen tatsächlich erreicht und
freut euch selbst mit.***

Übergang - Einführung [*]

Lieber Freund der Indianer, bitte berichte uns, was du zum Thema Übergang lehren möchtest.

*Die Lebenskraft in euren Körpern, meine lieben Menschen, verringert sich im Laufe der Zeit. Das ist ein ganz normaler Prozess, der kosmisch bedingt überall existiert. Die einen Lebewesen leben länger, die anderen leben weniger lang. Die Umwelt ist die Plattform, die euch die Möglichkeiten bietet, und eure seelische Kraft wiederum ist die einzige Energie, diesen Umwelteinflüssen entgegen etwas lebensverlängernd zu wirken, aber auch lebensverkürzend. Die Kraft der Seele ist ausschlaggebend für alle Kraft, die ihr in eurem Leben habt, und die letztlich auch entscheidend ist, wie lange ihr lebt. **Daher ist es mir sehr wichtig, dass ihr versteht und begreift, dass eine Seele Reife erlangen möchte, doch keineswegs alt wird im Sinne eurer Alterungsprozesse des Organischen.** Und wenn ihr die Verbindung in den Kosmos begeht und reinigt, so viel ihr nur könnt, dann lebt diese Seelenkraft in euch eine sehr starke Kraft. Und das wiederum kann dem Körper über seine Leiden hinweg, welche das Altern mit sich bringt, helfen, und Vitalität bringen, wo so mancher keine Kraft mehr empfindet. Die seelische Kraft ist in den ersten Monaten eures Lebens sehr präsent und sie kann, wenn ihr es möchtet und wenn ihr es fördert, die Lebenskraft eures Körpers verlängern. Das ist wichtig.*

∞

[*] aus dem Buch „Einweihung in die Geheimnisse des Kosmos "

Das heißt, diese Kraft kommt ausschließlich aus dem Kosmos, und so, wie wir jetzt hier miteinander kommunizieren und ich dadurch direkt mit einer Energie im Kosmos in Verbindung stehe, so fließt diese Kraft, wenn wir diese Verbindung haben, stärker und kann es schaffen, dass die Zellen sich länger erneuern und Vitalität und Lebenskraft empfinden.

Das ist richtig. Die Lebenskraft, die euch der Kosmos schenkt, ist das Chi, was so mancher von euch schon kennt. Dieser Begriff bezeichnet die Kraft, die aus der Quelle überall in alles und durch alles hindurch strahlt, und diese Kraft könnt ihr anzapfen über die Seele, die in euch lebt.

Das hast du schön gesagt. Also ist der Körper eingebettet in die Umwelt und die Seele eingebettet in den Körper, kann aber eine ganz andere Kraftquelle anzapfen als nur die der Umwelt des Körpers?

Das ist richtig. **Sie ist TEIL dieser Kraft, doch wer dies unbewusst lebt, verliert diese Kraftquelle.**

Du meinst, wir verlieren die Kraftquelle nicht ganz, aber durch die Unbewusstheit nutzen wir sie nur zu einem minimalen Teil.

Ja, das ist, was ich meine.

Dann bitte berichte weiter.

Es ist aber keine Frage, dass und ob ein menschlicher Körper einmal seine Funktionen aufgibt. Dies ist kosmisch ein ganz normaler Prozess, den alle Lebewesen erfahren müssen. Die

Seele beginnt in diesem Prozess die langsame Verabschiedung aus dem Körper. Dieser Prozess beginnt schon lange bevor ihr wirklich ablebt und sterbt.

Wann genau beginnt er denn ungefähr?

Die Menschen, die eines natürlichen Todes sterben, begehen eine Art stufenweise Ablösung der Seele.

Und wie sieht das aus?

Die erste Stufe ist die Erfahrung, wenn die Lebenskraft sich verringert und dadurch die Wahrnehmung des Lebens eine langsamere und weichere wird. Damit möchte ich sagen, dass ältere Menschen, welche eine normale und gesunde Erfahrung dieses Prozesses erleben, eine erste Stufe erfahren, die sie bremst und die bedeutet, dass die Seele beginnt, die Form langsam zu verlassen. Die Seele beschließt die Beendigung dieser Form.

Und wie geht es dann weiter, was ist die nächste Stufe?

Dann werden die Menschen müde. Sie schlafen viel und das hilft der verringernden Kraft des Körpers, weiter zu existieren, doch hält es gerade noch die lebenswichtigen Funktionen am Laufen. Die Lebenskraft wird weniger und weniger. Das ist wie eine Lebenssonne, die weiter und weiter sinkt und langsam wird es immer dunkler.

Das hört sich irgendwie traurig an ...?

Nein, das ist nicht traurig, denn die Verringerung der Lebenskraft bringt mit sich, dass die Menschen leiden und dass sie sich wünschen, nicht mehr so zu leben. Das Eine bedingt das Andere. Wer weniger Lebenskraft spürt, dem wird der Körper zur Last und alles wird weniger freudvoll. Daher beginnt dieser Prozess die Ablösung der Seele weiter auch zu beflügeln. Denn der Abschied wird über diese wenigere Kraft durch alle Lebensempfindungen, sogar in den unbewusstesten und verunreinigtesten Lebewesen, wahrgenommen.

Und dann?

Dann beginnt die Phase des Übergangs. Das beginnt ungefähr ein paar Tage bevor der Körper wirklich stirbt. Die Phase bedeutet, dass die Seele sich weiter von dem Körper fortbewegt und noch weniger Lebenskraft dadurch in ihm existiert. Die Kraft, die den Körper beseelte, wird schwächer und schwächer. Dieser Prozess bedingt, dass nun auch die Wahrnehmung des Lebens weniger und weniger wird. Ich meine damit, dass die Menschen beginnen Wirres zu reden und nur noch unbewusste Worte formen oder in vergangenen Erinnerungen leben, die aber ungenau wahrgenommen werden. Eine Art Zwischenwelt betreten sie.

Ach, und das ist so, weil die Seele sich schon so sehr vom Körper gelöst hat, dass nicht mehr die Erinnerungen der Seele sprechen, sondern nur noch die zelluläre körperliche Erinnerung, kann man das so sagen?

*Das ist richtig, du hast es erfasst. **Die Bewusstheit der Seele***

∞

beseelt den Körper.

Ist die Seele aber nicht mehr im Körper, dann ist auch die Bewusstheit des Körpers weniger und das bedeutet, dass diese Menschen in eine andere Art der Wahrnehmung treten.

Ist das dann wie ein Traum? Das vergangene Leben als Traum?

Ja, das ist richtig. Das Bewusstsein fehlt mehr und mehr.

Wie viele Tage vor dem wirklichen Ableben des Körpers beginnt dieser Zustand denn ungefähr?

Das ist alles eine Frage der Reinheit und der Kraft der Seele, Liebes. Das ist schwer zu beantworten.

Was passiert dann als nächste Stufe?

Der Moment, in dem die Lebenskraft den Körper gänzlich verlässt, ist der, in dem die Seele den Körper gänzlich verlassen hat. Dies ist also nichts, das dann erst beginnt, sondern dies ist dann abgeschlossen.

Und dann?

Dann befindet sich die Seele noch eine Weile in der Nähe des Körpers, weil sie die Frequenz, die sie im Körper hatte, noch beibehält und diese sich erst langsam an die weitere, unbegrenztere Form wieder gewöhnen muss. Das braucht etwas Zeit.
Diese Phase nun ist die Kritischste im ganzen Kosmos, und

ich möchte nun darauf hinweisen, dass ihr bewusster diese Zeit eines Ablebenden erfahrt. Die Bitte, die ich dazu habe ist, dass ihr bitte die folgenden Regeln beachtet: **Die Menschen, die eine Einäscherung wünschen, belassen den Körper bitte in einer Ruhe für mindestens sieben Tage.** *Denn diese Zeit braucht die Seele, um sich wirklich gänzlich von diesem Körper zu verabschieden und die Frequenz zu erhöhen.*

Was kann denn passieren, wenn man schon nach drei Tagen eine derartige Einäscherung veranlasst?

Dann erfährt die Seele eine Vernichtung der bisherigen Form, ohne dass sie sich an die neue Form gewöhnen konnte. Das bedeutet, dass diese Seelen meist, und das ist sehr traurig, verloren sind in diesem Zustand, der nicht mehr die alte Form bedient, aber die neue Form auch noch nicht kennt und vor allem keinerlei allgemeine Kraft darin findet. Das ist eine Art Zwischenwelt, in der diese Seelen gefangen sind, da sie keinerlei Zeit hatten, die langsame Abstimmung auf diese neue Frequenz mit etwas mehr Weite und Kraft, zu finden.

Also wenn die Seelen in den Körper gehen, gewöhnen sie sich langsam an diese Enge. Und ähnlich ist es, wenn sie wieder aus dem Körper austreten. Es ist kein Prozess, der plötzlich geschieht, sondern er passiert Stück für Stück. Die Seele ist zwar dann schon aus dem Körper heraus, aber sie schwingt noch in dem Gefühl, der Erinnerung an das Sein im letzten Leben? Sie muss sich erst langsam zurück gewöhnen an diese neue, nicht mehr so beengende Art zu sein, richtig?

Das ist richtig und genau dieser Prozess ist so wichtig, damit die Seele wieder in ihre eigentliche Kraft findet. Die Kraft, die frei und weit wirken kann. Doch wer die Enge noch sucht, irrt dann in einer formlosen Art umher.

Du hattest einmal darauf hingewiesen, dass diese Energien an den Ort ihrer letzten Wahrnehmung im Ablösungsprozess gefangen oder gebunden sind?

Das kann man sagen, ist aber nicht zwingend der Fall. Die Örtlichkeit bedeutet auch eine Art Erinnerung an eine Kraft, die sie verspürten, als sie noch in einem Körper waren. Die Seelen, die also ihre neue Form noch nicht bewusst wahrnehmen und sich noch nicht an die neue Form des Seins gewöhnen durften, bleiben natürlich an diesem Ort, damit sie sich „wohlfühlen", wenigstens ohne den Körper, aber dennoch etwas, das sie kennen.

Ist es denn Angst, die sie haben, dass sie in eine Form des Seins kommen, die sie nicht kennen?

Das ist es. Denn, wenn du ein Leben lang in einem engen Korsett warst, dann brauchst du eine Weile, um die Freiheit deiner Flügel zu fühlen, um sie auszubreiten. Du kannst nicht gleich fliegen. Du musst es erst wieder üben.

Ah, ich verstehe. Das ist ein ganz tolles Bild, danke dir dafür! Also sieben Tage müssen eingehalten werden. Sieben volle Tage, richtig?

Ja, das ist das Mindeste. Wer länger warten kann, sollte dies tun, denn es ist noch besser.

∞

Gibt es eine zu lange Wartezeit?

Nein.

Dann ist es ungefährlich jemanden einzuäschern, wenn man dies beachtet hat, richtig?

Ja, genau dann ist nichts mehr mit dem Körper verbunden, und daher ist dann eine Einäscherung ohne Probleme.

Und wie ist das bei den Menschen, deren Leichnam normal vergraben wird?

Dort gibt es keinerlei besorgniserregende Prozesse, denn diese Körper bleiben ja in dieser Form, und diese wird nur durch die Natur aufgelöst. Und die Seele hat genügend Zeit, um sich Stück für Stück abzulösen, auch in der feinstofflichen Welt, und dort langsam ihre eigentliche Kraft wiederzufinden.

Wie ist das bei Seebestattungen?

Dort ist es ähnlich. Auch da hat die Seele Zeit.

Also ist nur das Einäschern eine wirkliche Gefahr, wenn ein Mensch auf natürliche Weise gestorben ist?

Du sagst es und deshalb ist es so wichtig, dass ihr diese Regeln befolgt.

Was ist mit Menschen, die plötzlich sterben, beispielsweise durch einen Unfall oder aufgrund einer Krankheit?

Das sind zwei unterschiedliche Dinge. Wenn es eine Krankheit ist, dann erlebt der Körper die Ablebensphase. Vielleicht etwas schneller, doch der Prozess bleibt der Prozess.

Und wie ist es dann bei einem Unfall?

Dann ist es eine heikle Sache. Denn dann wird die Seele aus dem Körper geschleudert. Die Seele kann nicht im Körper bleiben, wenn dieser gestorben ist. Sie MUSS aus ihm heraus. Denn wenn eine Seele in einem toten Körper bleiben würde, dann würde sie verunreinigen, ohne dass sie dies weiter eigenverantwortlich lenken kann. Daher wäre das nicht möglich. Die Eigenverantwortung und die eigene Kraft, der freie Wille und die Gesetzmäßigkeit, dass leblose Formen nicht beseelt sein können - all diese Regeln zusammen bewirken, dass eine Seele, sowie der Körper verstirbt, aus dem Körper austritt.

Aber dann hält sie sich doch dennoch eine Weile bei dem Unfallkörper auf, um sich an die neue Frequenz zu gewöhnen, richtig?

*Das ist richtig, doch befindet sich die Seele dann meist in einem Schock, denn das schnelle Ablösen bedeutet keine wirklich harmonische Abfolge der Gesetzmäßigkeiten. Das bedingt Probleme und Stress für diese Seele. **Die einzige Hilfe, die Menschen in einem solchen Moment noch erfahren können, ist, dass sie im letzten Moment dieser plötzlichen Umstände um Hilfe bitten und darum, dass sie Begleitung*** *bekommen, wenn sie nun diesen schnellen Austritt erfahren müssen. Diese Hilfe wird ihnen sofort zuteil und die Wesenheiten der helfenden Energien werden sofort zur Stelle sein, da sie spüren, wenn diese Not einer Seele besteht.*

Das heißt die Menschen haben eine Chance, in einem solchen Zustand der Not, über das Beten um Hilfe zu rufen. Was ist das Schlechteste, was einer solchen Seele passieren kann, wenn sie es nicht mehr schafft noch zu bitten, wenn sie sehr, sehr schnell aus dem Körper geschleudert wird?

Dann braucht sie viel Zeit. Viele befinden sich dann lange in diesem Schockzustand. Die Seelen sind wie traumatisiert, dunkel und leider auch nicht wirklich freudvoll.

Es gibt Pastoren, die an solche Orte gehen, um sofort zu helfen, zu segnen und was weiß ich nicht alles. Hilft denn so eine Art?

Nein, du kennst meine Antwort und du kennst meine kraftvolle Intention. Diese Art Mensch, die ihr als Priester ernannt habt, sind leider keine Verbundenen und helfen diesen Seelen nicht wirklich. Als ausführende Werkzeuge derartiger Glaubensgemeinschaften sind sie verunreinigt und ihre Verunreinigung verhindert, dass sie wirklich kraftvoll, heilvoll und helfend wirken können.

Wenn man aber nun um Orte weiß, an denen Derartiges geschehen ist, können denn bewusste, reinere und damit verbundenere Menschen einwirken und helfen?

∞

Das können sie, Liebes, ja. Ihr könnt an derartigen Orten hel-fen, indem ihr betet, für diese Seelen, dass sie Kraft bekom-men, dass sie Hilfe bekommen, dass sie bereinigen und ihre Wahrnehmung verändern in einen freudigeren Zustand hin-ein, und dass sie wandeln können, was sie jetzt sind. Dass sie eine Art Beschleunigung erfahren.

*Es gibt zwei Möglichkeiten, diese Hilfe zu bereiten. Einer-seits müssten diese Seelen selbst bitten. Doch viele verweilen in einem solchen Schockzustand sehr lange und wissen gar nicht, dass sie in diesem Zustand verweilen. Sie sind einfach nur traumatisiert und traurig. **Diese Seelen können dennoch bitten, falls sie den Impuls tatsächlich empfinden können, doch andererseits können Menschen für sie beten, und um Hilfe bitten.** Das ist kosmisch erlaubt.*

Das heißt, alle Menschen, die helfen möchten, können derartige Orte des Leidens bereisen und dort um Hilfe bitten, richtig?

*Ja, das können sie. **Liebe Menschen, bitte, wann immer ihr wisst, ihr betretet einen Ort, an dem viele Menschen Un-glück erfahren haben. Dort könnt ihr beten und bitten, dass sie nun Liebe und Licht erfahren. Diese Kraft wird erhört und hilft tatsächlich. Das habt ihr hoffentlich mittlerweile verstanden.***

Was möchtest du noch zum Übergang berichten?

Die Kraft eurer Seele in eurem Übergang ist entscheidend, wie ihr diesen Übergang erfahrt.
Damit möchte ich sagen, dass ihr die Zeit eures Lebens nut-

zen solltet, um eure Erfahrungen zu erheben und zu reinigen, um Liebe zu geben und Licht zu leben, die Freude in eure Zellen einzuspeisen und zu erfahren. Die Freude, die eure Seele erheben soll, damit ihr eure Seele in einem freudigen Zustand diesen Prozess erfahren lasst. Denn diese helle und lichte Kraft wird euch in andere Ebenen bringen als die traurige Kraft in euch. Also haben die Menschen, die mehr Freude in sich erfahren haben und in sich spüren, mehr Potenzial, die höherschwingenden Ebenen zu erfahren, als die, die die Traurigkeit erfahren.

Du meinst also, dass die Menschen, die viel Traurigkeit in ihrem Leben erfahren haben, unbedingt ihre Lebenszeit noch nutzen sollten, sehr viel Freudiges und Liebevolles zu erfahren. Dann wandeln sie ihre Kraft, richtig?

Ja, das ist richtig.

Und die Menschen, die viel Freude in ihrem Leben erfahren durften, sollten alles tun, um diese beizubehalten, richtig?

Ja, genau.

Die Religionen unserer Welt übermitteln uns, dass es ein Fegefeuer gibt, was genau ist das?

Das ist der Zwischenzustand, den ich beschrieben habe, wenn ihr euch nicht langsam aus dem Körper ablösen könnt. Aber es ist keineswegs ein bestrafender Zustand, sondern lediglich ein von euch erschaffener Zustand, der aber wandelbar ist.

∞

Und dann soll es angeblich den Zustand des „Jüngsten Gerichts"
geben.

*Wer Liebe gegeben hat, der erfährt die höherschwingenden
Ebenen. Wer Liebe genommen hat und Leid gebracht hat,
der erfährt die niedrig schwingenderen Zustände. Das Einzige und alles erfüllende Ziel ist die Freude. Die Freude aus
der Liebe. Nicht die Freude aus dem Ego heraus.*

Gut, dass du das benennst, denn ich kenne viele Menschen, die große
Freude daran haben, anderen Menschen Leid zuzufügen ...

*Diese Freude ist keine seelische Freude, liebe Menschen.
Diese Freude ist Verunreinigung und wird viel Ausgleich von
euch fordern.*

Dann gibt es die Menschen, die ein Leben lang alles Mögliche aufführen in Klöstern und hinter Kirchenmauern, dass sie so rein wie
möglich werden und damit jeder Freude an den Sinnen des Körpers
entsagen - was ist mit diesen Menschen? Ist dies der richtige Weg der
Erhebung der Kraft der Seele in die Freude?

*Das ist eine absolut falsche Botschaft, die sich in euren Glau-
bensmustern verankert hat. Denn diese Menschen verbringen
viel Zeit ihres Lebens in Enge und Formen der Enge sowie
Freudlosigkeit in diesen Formen. Alles, was sie freuen und
lieben lässt, wird ihnen genommen. Die Erfahrung des Man-
gels wird ihnen gegeben und dieser Mangel erzeugt Freudlosigkeit, doch dies hilft leider nicht in die höherschwingenden
Zustände hinein.*

∞

Aber es gibt sicher auch viele Nonnen und Priester, die ein sehr freudvolles Leben hatten, nicht?

Nein, du kannst die Freuden des Lebens nicht hinter verschlossenen Mauern erfahren. Die Seele will das Leben leben, die Seele will in das Leben eintauchen - in ALL seine Farben und Formen. Reinigung ist auch möglich, ohne diese enge Form. Das ist hoffentlich mittlerweile allen Lesern hier klar. ***Die Freude ist der Schlüssel. Die Freude in eurer eigentliche Kraft, nicht in der Verengung und Blockierung eurer eigenen Kraft.***

Aber wenn doch tatsächlich jemand in solchen Formen ein Leben lang viel gelacht hat und Freude hatte, warum ist das nicht der richtige Weg?

128

Das ist für manche vielleicht für eine Zeit lang der richtige Weg, doch Liebes, es ist nicht die richtige Form, wenn ihr den Freuden des Lebens so entsagt. Die körperliche Freude ist ein großer Teil des Seins, die ihr in eurer Menschenform erleben sollt. Wer dieser körperlichen Freude entsagt, lebt nicht die volle Freude, wie sie eigentlich möglich ist, daher bitte versteht mich nicht falsch. ***Die Entsagung dieser Kräfte dieser Freude ist für eine Weile richtig, doch sollte sie nicht euer ganzes Leben bestimmen.***

Gut, das habe ich verstanden. Und ist es richtig, dass eine Seele jederzeit umkehren kann, falls sie Leid kreiert hat, dass sie ihr Leben sofort beginnt zu wandeln in eine Form, die Freude bringt? Und dadurch kann diese Seele vieles oder gar alles aus der leidbringenden

∞

Zeit ausgleichen und sogar freudig gehen?

Ja, das ist richtig.

Das „Jüngste Gericht" ist also, wenn wir selbst über uns richten, aber eben in dieser anderen Wahrnehmung ohne Körper ...?

Das Jüngste Gericht, wie ihr es in dieser Institution Kirche nennt, ist das Eintauchen in die Frequenzen des Kosmos und der Harmonie des Kosmos, die euch selbst richten lässt über eure unbewussten, in Lieblosigkeit und Disharmonie erzeugten und erschaffenen Taten. Das ist alles. Niemand anderes richtet über euch, nur ihr selbst. Dieser Moment ist eine harte Prüfung, doch ihr könnt ihr entgehen, indem ihr alle Taten liebevoll und bewusst setzt, die unbewussten Taten, Zeit eures Lebens noch liebevoll und bewusst ausgleicht. Das ist alles. NIEMALS ist es zu spät. Alle Taten können ausgeglichen werden. Vergesst das bitte nicht. ALLE!

Und du meinst, dazu reicht ein einziges Leben?

Das kommt darauf an, wie stark die Verunreinigung ist, wie stark euer Wille ist, doch auch wie entschlossen und bereit ihr voranschreitet in die Verbindung mit dem Kosmos, denn dort liegen die Antworten, WIE ihr ausgleicht.

Lass uns zurück zum Thema Übergang kommen. Möchtest du dazu noch etwas sagen?

∞

*Die verstorbenen Seelen, die ihr um euch nicht wahrnehmen könnt, sind aber immer da. Doch sie bleiben nur so lange, wie ihr sie auch bittet, zu bleiben. Denn die Befreiung dieser Seelen hängt viel auch von eurer Erlaubnis ab. **Daher bitte lasst die Verstorbenen gehen. Haltet nicht zu lange an den Erinnerungen mit ihnen, ihren Taten und ihren Frequenzen fest.** Alles was euch verlässt, werdet ihr wiedersehen. Alles, denn die körperliche Form ist wenig verglichen mit dem, was die Seele in diesem Körper ausmachte und ausdrückte.*

Du möchtest dazu aufrufen, dass wir die Verstorbenen auch wirklich gehen lassen und nicht dauernd an ihnen festhalten und sie uns bei uns wünschen?

*Ja, genau. **Das Verabschieden ist ein wichtiger Prozess, daher bitte ich euch, wenn ihr die Verabschiedung bitte, bitte auch wirklich tut, dann tut sie tief und vollends in dem Bewusstsein, dass diese Energien weiter bestehen werden und ihr sie nur nun nicht mehr direkt in der bekannten Form erreichen könnt. Doch sie sind immer, immer Teil des Kosmos und werden weiterhin Teil dieses Kosmos sein. Das Kommunizieren mit ihnen wird nicht mehr so leicht möglich sein. Doch ist der Tod lange kein Ende. Er ist ein Übergang.***

Was ist mit dem Übergang, wenn Menschen Selbstmord begehen? Bitte berichte mir dazu, was du weißt.

Danke, dass du danach fragst, es ist sehr wichtig. Die Menschen, die derartig verzweifelt handeln, sind natürlich nicht in einem freudvollen Zustand der Seele. Diese Menschen ver-

∞

*leben eine Art lieblose Entscheidung, die sie ohne die Verbindung in den Kosmos derartig handeln lässt. Das Problem, dass ihr bei derartigen Taten habt, ist tatsächlich weniger die Tat selbst als die Freudlosigkeit, mit der ihr diese Tat tut. **Das eine verunreinigende Potenzial ist also die Freundlosigkeit, in der die Handlung geschieht, das andere ist die lebensvernichtende Tat, die sich über die Erlaubnis des Kosmos stellt.***

Aber was ist, wenn Menschen um die Erlaubnis bitten, weil sie soweit sind, dass sie diese Form nun wirklich nicht mehr erfahren möchten, und früher gehen wollen, als der Körper es einleitet?!

Das ist eine andere Frage, denn dann handeln diese Menschen in Abstimmung mit dem Kosmos, doch die meisten tun dies nicht in Abstimmung mit dem Kosmos. Dann schleudern sie die Seele aus dem Körper, dann reißen sie das Leben aus dem Körper. Diese beiden Tatsachen sind nicht wirklich hilfreich, um zu wachsen und zu reinigen.
Daher liebe Menschen, bitte, wenn ihr so verzweifelt seid, dass ihr derartige Gedanken habt, dann bitte, bitte, bitte sucht euch die Zeit, findet den Moment, den Ort und die Hilfe, die euch wieder in die Verbindung mit dem Kosmos bringen, der euch leben lassen will und der euch das Leben geschenkt hat. Dort ist die Antwort für eure Verzweiflung. Dort ist die Lösung. Nicht diese Art der Trennung.

Was passiert denn genau, wenn ein Mensch seinem Leben selbst ein Ende setzt - rein energetisch?

Die Seele weiß, dass der Mensch, das Ego in ihm, diese Ent-

scheidung fällt, und wenn die Seele den Körper verlassen muss, ist dies meist nicht in harmonischer Abstimmung mit dem Kosmos, sondern eine ausschließliche Abfolge der Entscheidungen des Egos. Die Seele ist also ohnmächtig dieser Kraft gegenüber. Daher hat sie keinerlei Abfolge und Gewöhnungszeit. Sie gerät dabei nicht unbedingt in einen Schockzustand wie nach einem Unfall, sondern in einen verzweifelten Zustand.

Und was kann sie dann tun?

Dann kann sie nur versuchen, wieder Kraft zu finden im Kosmos, wieder eine eigene Art von Kraftimpulsen zu erzeugen, und meist landen derartig verzweifelte Seelen wieder schnell in einem anderen Körper, doch ist es meist ein kleinerer, nicht der eines Menschen. Der Grund, warum dann wenig Kraft in ihnen ist, ist, weil sie ihre eigentliche Kraft und die Liebe in ihren Seelen nicht entfalten konnten; Zeit ihres Lebens, noch bevor sie den Körper verließen.

132

Ich sollte dich in diesem Kapitel noch einmal fragen, was geschieht, wenn die Seele den Kinderkörper schon sehr schnell verlässt, also den frühen Kindstod einleitet.

Dann ist die Seele aus freien Stücken gegangen und bleibt nur noch einige Stunden in der Nähe dieser Frequenz, an welche es sich in den letzten Monaten gewöhnt hatte. Dies bedeutet, dass die Seele noch eine Weile braucht, aber dann wieder in den Kosmos sich entfalten kann. Diese Energien erfahren dann meistens eine neue Inkarnation, da ihr Impuls zu inkar-

∞

nieren zwar diese Form nicht mehr wählt, aber dann findet er eine andere.

Sind das dann meistens andere Menschenrassen und einfach nur andere Orte oder ganz andere?

Das kann ich nicht sagen. Die Form und ihre Möglichkeiten ist ausschlaggebend. Die allgemeine Formel dazu gibt es nicht.

Und was ist mit den Menschen, die künstlich weiterbelebt werden?

Das ist eine sehr heikle Sache. Ich danke dir für diese Frage. Denn mir ist diese Art, das Leben weiter zu beleben, eine besorgniserregende Sache. Die Menschen, welche derartig handeln, müssen wissen, dass sie TIEF in die kosmischen Gesetze eingreifen.
*Wenn eine Seele die Entscheidung getroffen hat, den Körper zu verlassen, dann bitte lasst diesen Körper auch wirklich gehen. Sowie ein Mensch den Zustand eines Komas erreicht, bedeutet dies folglich, dass die Seele noch in der Nähe ist, aber begonnen hat, den Prozess des Ablebens zu beginnen. Dies sollte man respektieren und akzeptieren und nicht eingreifen in derartige Prozesse. **Alle Prozesse, die ihr tut, die die Form länger beleben, als der Kosmos dies von alleine tut, bedeuten Stress und ein Ungleichgewicht dieser Seele.***

Das heißt, diese Seelen der Menschen, die künstlich weiterbelebt werden, befinden sich in einer Art Dauerstress?

Ja, das ist richtig, sie können nicht gehen aber auch nicht wieder in den Körper. Alles, was diesen unnatürlichen Prozesse hervorruft, ist nicht richtig, liebe Menschen.

Das heißt, man sollte diesen Prozess einfach dem Kosmos überlassen und vertrauen, dass alles geführt wird, wie es sein soll.

Vertrauen ist der Schlüssel. Die Menschen vertrauen nicht, dass die Seele nun eine Entscheidung zu treffen hat, und nur diese Seele. Die Menschen, die in ein Koma fallen, haben einen Plan. Diese Seelen haben diesen Plan. Dieser Plan ist nicht durch die Entscheidungen außenstehender Menschen, die wissen, wie man einen Körper am Leben erhält, zu erfüllen; dieser Plan ist letztlich ganz allein der Plan, den die Seele sich bereitet hatte.

*Daher bitte, bitte, bitte verinnerlicht und vertraut, dass diese Prozesse alle kosmisch gelenkt und geführt sind. **Die Form bleibt, wenn sie bleiben will. Die Form vergeht, wenn sie vergehen soll. Diese Entscheidung trifft einzig und allein die Seele, die diese Form belebt, und niemand anderes darf dies tun.***

Aber Menschen, die aus einem Koma wieder aufgewacht sind, berichten meist nichts von diesem Stress, im Gegenteil, sie erzählen von einem Licht am Ende des Tunnels ...? Wie kannst du das erklären?

Das tue ich gerne. Das Licht, das ihr als Ende eines Tunnels wahrnehmt, besteht allezeit, und wer seine Wahrnehmung formt und die Freude tief in sein Leben integriert und lebt,

∞

der kann durch diese Erhöhung seiner Frequenz die Wahrnehmung wandeln. Dann wird die Dunkelheit eurer Ebene, die letztlich nur eine niedrig schwingende Art des Seins darstellt, übersprungen werden, und man nimmt sofort die hellere Ebene wahr.

Doch weil ich weiß, warum du fragst, möchte ich noch etwas mehr ausholen. Die Wahrnehmung eines Tunnels ist eine veränderte Wahrnehmung, die euch die anderen Sinne bereiten, die ohne die Sinne des Körpers entstehen. Diese Sinne nehmen anders wahr als die Sinnesorgane eures Körpers. Dennoch nehmt ihr als Vorlage eure Wahrnehmung, die ihr bisher durch die körperlichen Sinne hattet. Das macht, dass die sich veränderte feinstoffliche Wahrnehmung durch die Erinnerung an die Sinne des Körpers verzerrt wahrgenommen wird. Das bedeutet, dass ihr nicht durch einen Tunnel geht, der um euch ist oder entsteht, sondern dass ihr eure Wahrnehmung weitet und aus der Enge, die als Tunnel empfunden wird, in die Weite bewegt. Der ein oder andere bewegt sich schneller, der ein oder andere langsamer, doch letztlich ist es allen erlaubt, eine hellere Wahrnehmung als die bisherige zu empfinden. Die Erklärung der einzelnen Frequenzen möchte ich nicht hier an dieser Stelle bringen, doch bitte übermittle den Menschen, dass diese Wahrnehmung letztlich nur die veränderte Wahrnehmung bedeutet, die ohne eure Sinnesorgane die eigentlichen Kräfte des Kosmos zeigt, doch noch verzerrt wahrgenommen wird über die Erinnerungen der menschlichen Sinneswerkzeuge. Dann wird eine niedrig schwingende Frequenz zu Dunkelheit und eine weite Frequenz zu hellem Licht. Diejenigen, die keinerlei Angst haben und die sich schnell bewegen, diejenigen erfahren die Frequenz der helleren Ebenen als *dieses hellere Licht. Doch nicht alle erreichen diesen Zustand.*

Aber viele wollen es doch erreichen, oder?

Das mag sein, doch sie schaffen es nicht ganz, da ihre Frequenz nicht schnell genug, freudig genug und liebevoll genug schwingt. Dann müssen sie einen anderen Weg wählen.

Die meisten kommen dann einfach wieder und inkarnieren relativ schnell, richtig?

Ja, das ist richtig.

Wie lange halten sich derartige Energien dann eigentlich in einem solchen Zustand auf?

Das ist unterschiedlich und hängt ausschließlich von der freien Entscheidung dieser Wesen ab. Daher kann ich dazu keine Zeitangabe machen, die ich so oder so nicht aus einer Perspektive ohne eure Zeit geben kann.

Es gibt aber auch Menschen, die berichten, dass sie in derartigen Zuständen auch andere Energien getroffen haben, dass sie sich mit ihnen austauschen konnten usw. Was geschieht da?

Das und noch vieles, vieles mehr würde ein weiteres Buch füllen, doch ich möchte nicht in die feinstofflichen Ebenen hinein. Das ist nicht Thema dieses Werkes. Das können wir gerne ein andermal betrachten.
Wer möchte, kann diese ganzen Ebenen alle auch, ohne dass

∞

er den Übergang jetzt einleiten muss, erfahren. **Diese ganzen Ebenen sind über euer Bewusstsein und die Schulungen eurer Kraft möglich.** *Das möchte ich als einzigstes Werkzeug zu dem Thema mitgeben.*

Das habe ich mir notiert. Gerne. Eine Frage habe ich dazu aber noch. Viele Menschen, die derartiges erfahren haben, haben bewusstseinserweiternde Erfahrungen gemacht und sind zu der Erkenntnis gekommen, dass bestimmte Dinge einen Sinn ergeben, die vorher sinnlos erschienen sind. Womit hängt das zusammen?

Das hängt ganz einfach mit der veränderten Wahrnehmung zusammen. Sie haben die Kraft ihrer Seele wieder gespürt und diese wusste, viel mehr noch als das Ego, dass alles unendlich wirkt und besteht und lebt. Und dass es noch so vieles mehr gibt, als ihr mit euren Sinnen wahrnehmen könnt. Diese Erweiterung des Bewusstseins bewirkt diese veränderte Lebenseinstellung.

Wenn die Menschen, die in einem Koma sind, künstlich am Leben erhalten werden, meintest du, dies sei Stress für die Seele. Doch oft ist es so, dass sich diese Menschen, wenn sie erwachen, nicht an einen Stress in dem Sinne erinnern, sondern eher eben diese bewusstseinserweiternden Erfahrungen gemacht haben ... lichtvoll, kraftvoll, liebevoll. Wie kann das sein, dass die Seele einerseits Stress empfindet aber andererseits meist keinerlei Erinnerung an diesen Stress existiert?

Die Menschen erinnern sich an die Wahrnehmung der Weite, doch das Empfinden der Seele, besonders in einem derartigen

Zustand, ist vielfältiger, als ihr glaubt; da die Seele allgemein Freude mehr sucht als alles andere, wird diese Erfahrung besser gespeichert als die Erfahrung des generellen verzweifelten Zustandes. Wie ein Kind, das die Lichter am Horizont besser erinnert als die ganze Dunkelheit um sich herum, verstehst du?

Ja, das verstehe ich. Das scheint wie eine Art der Seele, derartigen Stress eher auszublenden, und dann bleibt die freudige, schöne Wahrnehmung präsenter, richtig?

Ja, das ist richtig.

Und was ist mit den Menschen, die so krank sind, dass sie eigentlich gar nicht mehr lebensfähig wären, doch mit allen möglichen Medikamenten und anderen Geräten am Leben gehalten werden?

*Das ist ähnlich, doch nicht so intensiv disharmonisch, wie wenn der Körper tatsächlich Belebung ausschließlich über Maschinen erfährt. Aber es ist die gleiche Frage, die ihr euch stellen müsst. **Wenn der Kosmos alles lenkt und leitet, wenn die Seele die einzig wirkliche Kraft ist, die entscheidet, wann sie lebt und wann sie geht, dann ist jeder Eingriff, den die Menschen und ihre Maschinen, wie auch ihre Medikamente, alles, um diesen Körper weiter am Leben zu halten doch ein Eingriff in diese höhere Entscheidung?!***

Ja, natürlich.

Daher bitte übermittle, dass die Menschen endlich aufhö-

ren, IHRE Gesetzmäßigkeiten als die höchsten anzusehen und endlich die Gesetzmäßigkeiten des Kosmos und damit auch die Entscheidungen der Seele respektvoll zu behandeln und über diese Menschengesetze zu stellen. Das ist wichtig, wirklich wichtig.

Kann man denn sagen, dass die Seelen von Komapatienten sich in einer Art Fegefeuer befinden?

Ja, das kann man. Die meisten befinden sich dann in einem Zwischenzustand, der sie nicht leben und nicht wirklich wandeln lässt. Alles Ableben ist nicht möglich, alles wandeln als Seele ist nicht möglich. Alles in allem ein furchtbarer Zustand. Ich kann dir nicht beschreiben, was für Leid dies in der Seele verursacht. Wenige wissen dies, wenn sie wieder ins Leben zurückkehren, doch manche erinnern sich. Viele versuchen sich an die Erfahrungen der Freude in der Zwischenwelt zu erinnern, in traumartigen Erlebnissen, doch letztlich war es Stress und Hilflosigkeit, die die Seele in diesem Zustand erfahren hat.

Also eine Art Ohnmacht.

Ja, genau.

Danke Dir.
Liebe.

∞

Der Beginn des Ablösens

Lieber Freund der Indianer, bitte beginne mit dem, was du zu diesem Thema berichten möchtest.

Das werde ich gerne tun.
Das Wichtigste ist, dass ihr versteht, dass in der Zeit der Ablösung die Wahrnehmung der Seele sich verändert. Um genauer zu sein, beginnt die Wahrnehmung über die Seele die Wahrnehmung über die Sinne des Körpers abzulösen.
Das bedeutet, dass diese Menschen ihr Leben reflektieren und beginnen Vergangenes zu betrachten. Manche reden verwirrt, manche träumen verrückte Dinge - die Indizien und Formen dabei sind so vielfältig wie die Menschen selbst. Doch am Wichtigsten ist, dass ihr verinnerlicht, dass die Wahrnehmung dieser Menschen nun in eine andere Stufe tritt. Dort, wo sonst die Sinne des Körpers die Wahrnehmung gelenkt haben, beginnen nun die Sinne der Seele, wenn man das so bildlich beschreiben kann, den Menschen zu verändern. Manche möchten das Vergangene über die seelische Wahrnehmung reflektieren, andere beginnen Menschen zu treffen, die sie noch unbedingt sehen möchten und so vieles mehr, das alles nun aus der Seele heraus gelenkt wird.
Ihr könnt diesen Menschen begleiten, indem ihr über diese Übung dieser Seele helft, in die Aktion zu treten, die ihr nun bevorsteht. Denn Aktion bedeutet in dem Fall, das Bewegen der Seele aus dem Körper heraus. Dieser Prozess ist keineswegs ein langsamer, aber in eurer Welt auch kein so schnel-

ler, also hat die Seele einige Tage und manchmal sogar Wochen, um diesen Prozess abzuschließen. Dabei helft ihr ihr, wenn ihr dem Menschen zusprecht.

Bitte begebt euch in den Raum mit dem Menschen, der nun verändert wahrnimmt und beginnt diese Sätze zu sprechen:

„Das Wirken meiner Worte soll dir, liebe Seele, helfen, den Weg in die feinstofflichen Welten zu finden. Alle Worte sind Wesen der Kraft und leben weiter in der kosmischen Welt. Wenn ich dir diese Worte nahelege, dann werden deine innersten seelischen Wahrnehmungen erweckt und beginnen den Prozess der Ablösung zu beschleunigen.

Dafür bitte ich dich, lausche meinen Worten in Liebe, Respekt und Frieden.

Solange das Leben die Form belebte, die du noch bewohnst, waren dies deine Werkzeuge der Wahrnehmung. Mit jedem Moment, in dem der Körper schwächer und schwächer wird, soll die Kraft deiner Seele weiter und weiter erwachen aus dem Schlaf der Ohnmacht, den sie erfahren hat.

Werde das Wesen, das du bist und lebe die Ganzheit des Kosmos über die feinstofflichen Werkzeuge deiner Seele.

Erkenne die Freiheit deiner Seele und beginne sie zu verbinden mit der Kraft des Kosmos.

Lebe das Prinzip des "Stirb und Werde" nun nach und nach über die Bewusstwerdung der Chance dieses Übergangs.

Beginne das Leben nach dem Leben, indem du dich darauf freust wie ein Kind, das das Leben mit dem Körper beginnt. Nichts Negatives, Beängstigendes oder gar Schreckliches wartet auf dich. Alles Positive, Liebevolle, Kraftvolle und Schöne der feinstofflichen Welten wartet auf dich und begrüßt dich in seinem Heim, wie der Körper dich in seinem

Heim einst begrüßte.

Du wirst diese Reise leben, aber anders als du es mit diesem Körper tatest.

Du wirst diese Reise lieben, doch anders als du es in diesem Körper tatest.

Daher, bitte sei bereit für diesen Übergang in dieses andere Leben ohne Körper.

Freue dich darauf.

Beginne das Wahrnehmen der seelischen Form, die du auch bist - mehr noch als das Ego, das dich nun all die Jahre begleitet hatte.

Erkenne die Schönheit dieses Moments, die Schönheit dieser Chance und lebe sie in vollster Freude auf das, was kommt, denn es ist ausschließlich schön."

142

Wenn ihr diese Worte in Liebe und Kraft den Menschen gegenüber formuliert habt, die diesen Übergang beginnen, dann beendet dies bitte mit den liebevollen Worten:

„Wer wenig liebte, wird viel Liebe erfahren - Wer viel liebte wird alle Liebe erkennen."
Dann beendet diese Worte mit: **Danke. Liebe.**

Lieber Freund der Indianer, ich danke dir für diese Informationen. Worüber möchtest du als Nächstes berichten?

Das Nächste ist die Zeremonie, wenn die Seele tatsächlich den Körper verlässt, also im Übergangsprozess, wenn der Körper schon nicht mehr lebt, also der direkte Kontakt mit diesem Mensch nicht mehr möglich ist. Dazu beginnen wir dann

∞

ein paar Impulse zu geben.

Gut, dann danke ich dir vielmals.
Liebe.

Ableben des Körpers

Lieber Freund der Indianer, du hast gesagt, du möchtest heute darüber sprechen, was die Menschen machen können, wenn sie miterleben, wie ein anderer Mensch gerade den Übergang aus dem Körper erlebt. Ich bitte dich, beginne einfach.

Das Nächste worüber ich berichten möchte, ist der Zustand des Körpers, wenn die Seele ihn verlässt.
*Wenn die Seele den Körper verlässt, bleibt diese Hülle bestehen ohne eine Energie mit Bewusstsein. Das bedeutet, dass die restlichen Energien aus den Organen beginnen, die Transformation aus den Organen in die kosmischen Kräfte, wie auch in die natürlichen Kräfte zu erfahren. Das bedeutet, dass einerseits Lebensenergie aus dem Körper in die Umwelt eurer Natur abgeht und andererseits restliche Energien der kosmischen Chi-Energie in den Kosmos wandeln. Dieser Prozess bedeutet eine besondere Konstellation der weltlichen und der kosmischen Kräfte. Wie aus einem Kokon, wird der Kokon weiter verwertet über die Wandlung der körperlichen Energien, und der Inhalt wird zum Schmetterling. Doch tatsächlich bestehen ein paar wenige Kräfte, wie zum Beispiel die Herzenergie, in **kosmischer Verbindung**. Über einen Zeitraum haben diese wandelnden Energien daher die Möglichkeit, in die jeweiligen Kräfte einzutauchen. Daher beginnen wir heute diesen Prozess zu begleiten mit Worten, die wie alle Worte, die wir hier festhalten, unterstützend wirken:*
Aus dem Moment des Abschieds, den ihr gemeinsam mit die-

sen Menschen begeht, beginnt daher auch eine Chance für euch begleitende Menschen, dabei eine helfende Unterstützung zu bieten. Heute halten wir dazu die Worte fest, die den Energien die Kraft geben, in den Kosmos zu wandeln oder eben in die Natur der Umwelt. Daher begebt euch mit diesen Worten neben den Körper und beginnt leise zu sprechen:

„Wenn du fühlst, dass das Leben deine Kraft nicht mehr ausreichend belebt, dann ist es Zeit zu wandeln. Zeit zu wandeln in die neuen Formen. Das Körperliche wird weiter bestehen bleiben als Energieform der Natur um dich herum. Deine Kräfte werden anderen Lebewesen, Pflanzen und weiteren Formen der Natur dabei helfen, weiterzuwachsen und zu wandeln.

Deine kosmische Kraft, die du über die Seele in deinen Körper geleitet hattest, wird zu großen Teilen mit ihr (der Seele) weiterwandeln und wirken.

Doch andere Reste werden deinen Körper noch eine Weile bewohnen. Dabei werden sie über verschiedene Impulse aus dem Kosmos zu kleinen weißen Kugeln. Das bedeutet, dass deine Kraft niemals vergeht. Nicht in der Natur deiner Welt wie auch nicht in den kosmischen Formen. Das Leben besteht anders weiter, in anderen Formen, aber niemals geht Energie verloren.

Du kannst vertrauen, dass dabei alle kosmischen wie auch natürlichen Kräfte helfen und du kannst weiterwandeln in freudiger Verbundenheit. Das Werden und Sterben der belebten Körper ist daher auch nur ein Prozess der Wandlung der Energien, die ihn beleben.

Alle Kraft bleibt erhalten."

Lieber Freund der Indianer, ich hab eine Frage: Muss man denn diese Worte tatsächlich sprechen, wenn man neben diesem Menschen sitzt? Kann man nicht auch einfach nur an ihn denken?

Das wäre auch möglich, doch da die meisten Menschen nicht wissen, wie sie die Verbindung zu anderen Menschen herstellen, wählte ich diese Form des direkten Kontakts im Raum.

Gut, manchmal ist das nicht möglich. Und wenn das nicht möglich ist, vielleicht auch durch Distanzen, was möchtest du diesen oder was können wir diesen Menschen mitgeben?

Dann besteht die Möglichkeit, diese Menschen im Gedanken zu erinnern und zu fühlen, wie der Kontakt mit ihnen Zeit ihres Lebens war. Dann kann man dieses Gefühl als Anker nehmen und diese Worte sprechen, ja.

Freund der Indianer, mich würde interessieren, wenn ein Körper über einen Unfall, also durch einen Schockzustand ablebt, wie ist das dann in dem Fall? Ist es da auch so, dass sich die Kräfte nach und nach verwandeln?

Ja, auch dann setzen sich die ablebenden Prozesse in Gang. Die Art und Weise, wohin sie den Körper verlassen, bleibt die gleiche.

Und deswegen ist es auch so wichtig, dass man erst sieben Tage nach dem wirklichen Tod den Körper einäschert, wenn man das vorhat, richtig?

∞

Ja, du benennst da wirklich einen wichtigen Punkt, denn tatsächlich brauchen diese Energien in eurer Zeitlinie diese Zeit.

Und was passiert, wenn jetzt dann doch jemand vorher eingeäschert wurde?

Dann beginnt diese Kraft diese Verwandlung nicht abschließen zu können und Defizite entstehen.

Und wieso ist das so, dass die Chi-Energie zu weißen Kugeln wird?

Das ist der ganz normale Prozess, wie kosmische Kräfte in den Kreislauf zurückgegeben werden. Dabei werden die Kräfte des belebenden Chi's in Formen gebracht, die nicht stofflich, wie ihr es versteht, sind, und doch eine Form dafür bieten, den Kosmos weiter mit Energie zu beleben. Formlose Energien gibt es nicht, doch anders als bei euch, bestehen diese weiter.

Kann eine solche weiße Kugel aus Resten einer Lebenskraft jemals eine Seele werden?

Nein. Diese Kräfte sind anders als seelische Kräfte, die Bewusstsein tragen.

Ach ja, stimmt, ich erinnere mich. Und können diese Energien, wenn sie sich mit anderen Energien zusammenschließen, nicht doch Bewusstsein erlangen?

Nein. Dort ist Bewusstheit nicht möglich, da die Konsistenz,

das Potenzial, wie du es benennen würdest, nicht vorliegen.

Okay, und niemals vorliegen können?

Genau.

Denn Bewusstsein kann nur über Seelenkraft wachsen, weil diese wiederum aus Mutterseelen entstehen?

Genau. Du hast es erfasst. Das Beleben der Seelen durch Mutterseelen wandelt ihre Kraft in Formen, die klein genug sind, in Körper zu treten. Doch letztlich sind es alles kraftvolle Energien, die aus der Quelle über das Bewusstsein leben. Das ist ein entscheidendes Werkzeug, das nicht alle Energien des Kosmos und alle Naturen besitzen.

148

Du meinst, Leben im Sinne von existieren, gell?

Genau. Das Wichtigste ist, dass ihr den Unterschied erkennt, zwischen Chi-Kräften, die auch ihre Ursache in der Quelle, aber ohne Bewusstsein, haben und den Kräften, die sich über die Mutterseelen, mit Bewusstheit ausgestattet, in den Kreislauf des Stirb und Werde begeben, und dabei diese Bewusstheit formen können.

Okay, möchtest du noch etwas sagen, bezüglich des Moments, wenn die Seele geht?

Nein.

Was ist das Nächste, worüber du berichten möchtest zum Thema Übergang, die Prozessabläufe von Körper und Seele?

Als Nächstes möchte ich gerne über die Zustände berichten, die im Übergang wirken. Das Verwandeln der Kräfte, die bisher in einem Körper gebunden waren, verursacht Instabilität und Kraftverlust nur allein, weil der Zustand, der eben noch Enge bedeutete, plötzlich keine Enge mehr fühlt. Das verunsichert den ein oder anderen und macht ihm Angst, wobei ich hier die Bezeichnung „ihm" nicht so passend finde. Dadurch übermittelt sich eine Personifizierung, die ich gar nicht benennen möchte. Wir müssen daher immer klar unterscheiden, dass wir ausschließlich über die Seelenenergie berichten.

Ja.

*Daher noch einmal: Die Seelenkräfte verwandeln sich und legen das Kleid des Körpers ab. Dabei fühlen sie sich zunächst weit, aber so mancher empfindet diese Weite als beängstigend. **Daher ist es wichtig, dass ihr vermittelt bekommt, dass diese Weite, die ihr dann empfindet, übergangsweise verwirrend wirken kann, doch letztlich in jeder Hinsicht richtig ist.***

Ich habe dazu eine kurze Frage: Ich finde es immer so spannend, wenn du von „fühlen" redest, weil es einerseits für einen Menschen selbstverständlich ist, dass er seine Sinne nutzt, und auf der anderen Seite verlässt die Seele gerade den Körper, hat also gar nicht mehr diese Werkzeuge zur Verfügung. Wie entsteht Empfindung in einer Seele, wenn sie doch gar keine Übung für das Empfinden hat, zumindest nicht so, wie wir es IM Körper kennen?

Das Empfinden der Seelen beginnt über die Wahrnehmung von Enge und Weite.

Du willst damit sagen, dass das Verlassen des Körpers erst einmal verwirrend wirken kann, andererseits aber durch die Wahrnehmung von Enge und Weite überhaupt erst einmal der eigentliche Seelenkörper wahrgenommen wird?

Ja, das hast du schön gesagt, wenngleich auch das Wort „Körper" hier wirklich mit Vorsicht zu genießen ist, denn jeder von euch wird sofort meinen, dass die Seelen einen Körper haben, was sie nicht haben, aber sie haben eine Form und diese Form benennst du als Körper.

Nun ja, wir können auch sagen „Seelenform".

Ja, dann bevorzuge ich dies.

Okay. Also die Seelenform, die erst in einen Körper gepresst war, empfindet also dann diese ganz andere Welt und das kann Verwirrung erzeugen?

Ja.

Bitte berichte weiter.

Das Wichtigste bei all diesen Komponenten ist die Freude .

Wie meinst du das?

Freude bewegt. Wer wenig Freude in sich gespeichert hat als Lebenserfahrung, der wird wenig Kraft ohne den Körper haben.

Mhm. Das heißt einmal mehr, es ist wichtig, dass wir unser Leben dafür nutzen, ganz viele Momente der Freude zu tanken, richtig? Aber bitte berichte mir weiter, wie geht es weiter?

Das Nächste, was die Seele im Übergang erfährt, ist die Wahrnehmung der Ganzheit des Kosmos. *Die Trennung, die ihr bisher über die Trennwände der Haut eures Körpers empfunden hattet, ohne die bewusste Wahrnehmung des Gegenübers und aller anderen Menschen auf dem Planeten gleichzeitig, wird plötzlich zu einer Wahrnehmung des großen Ganzen. Wie ein Mensch, der eben noch in einem Raum der Stille war und plötzlich in den Vorhof tritt, wo viele, viele Tausende Menschen sich befinden würden - so betritt die Seele die Wahrnehmung des großen Ganzen wieder. Das bedeutet, dass wo vorher Individualität und Allein-Sein übermäßig herrschten, wird plötzlich das große Ganze sichtbar, besser fühlbar. Bei Menschen, die weniger Freude in ihrem Leben gesammelt haben, wird dieser Prozess über das Wahrnehmen ohne viel Licht geschehen.*
Bei denjenigen, die die Freude zu ihrer Religion gemacht haben, wird die Wahrnehmung nicht nur über die Weite des Kosmos erkennbar, sondern auch fühlbar. Dabei zeigen sich lichtvolle Kräfte, die voller Bewegung sind, und andere, die langsam aber bedacht eine Reise tun.
Also benennen wir das Ganze als das Wirken durch die Freude-Kraft.

∞

Okay, das heißt, du willst damit sagen, dass die Freude, die Kraft der angesammelten Freude in der Seele der Motor der Bewegungsfreiheit und der Wahrnehmung nach dem Ableben ist?

Ja.

Aber was genau passiert jetzt mit der Seele? Sie ist ja jetzt nicht mehr im Körper, muss man da irgendetwas besprechen?

Nein.

Also sie hat ihre ganze Aufmerksamkeit eigentlich schon gar nicht mehr beim Körper, sie schaut nicht mehr zurück, sie schaut den Körper nicht an, sie nimmt jetzt ganz anders wahr, richtig?

Ja.

Hmm, okay. Und dann beginnt eigentlich mehr oder weniger ein neuer Zyklus. Das heißt, es zieht sie da oder dort hin oder aber sie bleibt in einem bewegungslosen Zustand?

Ja. Für das weitere Wirken der Seele ist immer die bisher gesammelte Freudeskraft entscheidend. Diejenigen, die wenig Freude in ihrem Leben erfahren hatten, befinden sich daher in der Wahrnehmung eines weniger lichtvollen, beängstigenden, lieblosen Zustands.

Ach ... und wie ist das so? Eine Seele, die dann in so einem Zustand ist, schaut die nicht zurück, so nach dem Motto: Ach Mensch, im Leben war's schöner?

Das tun sie oft, doch hilft es nichts an dem Zustand der Freud-losigkeit.

Hmm. Okay, also nehmen die einen das kosmische Ganze hell und liebevoll wahr, und andere eben nicht ... doch es ist alles immer da.

Genau.

Und wie geht es dann weiter?

Das weitere Wirken der Seelen hängt nun davon ab, wie be-schleunigend die Freude in ihr war oder ist, und diese Kraft ist wie das Benzin eurer Seele. So sagt ihr doch?!

Ja ... Das ist ein lustiger Vergleich, und ich versteh ihn sehr gut, danke. Aber was ist dann, kannst du es noch konkreter beschreiben?

Das bedeutet, dass ab dem Austritt aus dem Körper das Sein wenig berechenbar wird oder vorhersehbar, denn ausschließ-lich diese angesammelte Freudeskraft und ihre Größe ent-scheiden über den weiteren Fortgang der Seele.

Fortgang ist vielleicht nicht so gut, eher Fortbewegung, oder?

Ja, du hast recht, aber von Hergang war Fortgang irgendwie auch eine Möglichkeit.

Versteh schon, okay, gut. Und was machen wir jetzt mit der Infor-mation? Bitte hilf mir irgendwie, dass wir dies als eine Stufe fest be-nennen können. Was ist das für eine Stufe? Ist es die Stufe des Fegefeuers, wie es die Menschen gerne nennen oder was genau ist es? Wie würdest du diesen Zustand beschreiben? Wie würdest du ihn einordnen?

*Eine Frage, die ich gerne beantworte, denn weil ihr diese Bilder im Kopf habt, ist es sehr wichtig, sie zu korrigieren: Das Fegefeuer ist alles andere als ein Feuer. Es ist allenfalls ein Rauschen der Klänge, die der Kosmos verursacht und all seine Seelen in ihm. **Das Fegefeuer hat also nichts mit Feuer zu tun oder irgendetwas in dieser Art, sondern beschreibt den Zustand, in dem die Freude das Maß der Fortbewegung bestimmt.** Und weil dies Bewegung in sich trägt, bedeutet dann die Freudlosigkeit wiederum, dass sie das über Lebzeiten wenig angereicherte Freudepotenzial, plötzlich diese Stille weiterhin wahrnehmen. Aber anders als im Körper Stille wahrgenommen wurde. Ich meine die Stille, die ihr habt, wenn ihr die Augen schließt, des Nachts schlaft. Diese Stille verschwindet, wenn ihr in den Kosmos tretet. Dort wo die freudvollen Seelen wirken in den lichtvollen Ebenen, ist es nicht so still. Außer in den Ebenen, wo wenig Kraft in den Seelen herrscht und sie deshalb keinerlei Bewegung erfahren.*

Mhm. Es könnte den Anschein erwecken, als würde man denken, dass die Bewegung die Musik macht?

Nein, aber die Freude in den Seelen, die macht die Musik (lacht)!

Ich verstehe. Aber du bist doch einer von denen, die in diesen hellen lichtvollen Ebenen sind. Hast du nicht manchmal auch die Sehnsucht nach Stille, ganz viel Stille wieder?

Hmm, ja, aber die Klänge der Freude sind schon auch sehr erhebend. Dennoch bedarf es nur der Bitte um Stille und du hast die Stille. Alles relativ einfach zu besprechen. Der freie Wille lenkt die Impulse.

Okay, wie geht's weiter?

Es geht nicht weiter im Sinne von berechenbar, denn jeder von euch wirkt über diese Freude in ihm dort in dieser Ebene. Alles braucht Verbindung.

Gut, dann magst du dieses Kapitel jetzt schließen. Und was würdest du als Nächstes gerne besprechen?

Das nächste Kapitel möchte ich den Menschen widmen, die nun vor Gräber treten und den Kontakt zu den Verstorbenen wieder aufnehmen möchten!

Okay, dann werden wir das machen. Ich danke dir vielmals, bis gleich!
Danke.
Liebe.

KOSMISCHER IMPULS

Wenn du fühlst, dass das Leben deine Kraft nicht mehr ausreichend belebt, dann ist es Zeit zu wandeln. Zeit zu wandeln in die neuen Formen. Das Körperliche wird weiter bestehen bleiben als Energieform der Natur um dich herum. Deine Kräfte werden anderen Lebewesen, Pflanzen und weiteren Formen der Natur dabei helfen, weiter zu wachsen und zu wandeln.

Deine kosmische Kraft, die du über die Seele in deinen Körper geleitet hattest, wird zu großen Teilen mit ihr (der Seele) weiter wandeln und wirken.

Doch andere Reste werden deinen Körper noch eine Weile bewohnen. Dabei werden sie über verschiedene Impulse aus dem Kosmos zu kleinen weißen Kugeln. Das bedeutet, dass deine Kraft niemals vergeht. Nicht in der Natur deiner Welt wie auch nicht in den kosmischen Formen. Das Leben besteht anders weiter, in anderen Formen, aber niemals geht Energie verloren.

Du kannst vertrauen, dass dabei alle kosmischen wie auch natürlichen Kräfte helfen und du kannst weiter wandeln in freudiger Verbundenheit. Das Werden und Sterben der belebten Körper ist daher auch nur ein Prozess der Wandlung der Energien die ihn beleben.

Alle Kraft bleibt erhalten.

Kontakt zu Verstorbenen

Lieber Freund der Indianer, du hast gesagt, dass wir heute festhalten, was die Menschen zu beachten haben, wenn sie in Kontakt treten möchten mit Verstorbenen. Was möchtest du dazu sagen?

Das Verlieren eines Menschen ist keinesfalls eine leichte Erfahrung. Doch werden wenige Dinge dabei tatsächlich eine Prüfung. Das Verlieren der Kommunikation ist zusätzlich zu dem kindlichen Empfinden in euch, niemals alleine gelassen werden zu wollen, das einzige Thema der erschwerenden Situation.

Doch aus meiner Sicht der feinstofflichen Ebene heraus kann ich euch berichten, dass das wirkliche Sterben einer Verbindung gar nicht möglich ist. Das bedeutet, dass ihr in aller erster Linie verstehen und einfach nur verinnerlichen müsst, dass die Seele lediglich diesen Körper verlässt, aber weiterhin im Kosmos existiert, wirkt, empfindet und liebt. Die veränderte Art der Kommunikation erschwert die Wahrnehmung der Verbindung, doch letzten Endes ist alles weiterhin so bestehend, wie es immer schon war.

Die Seele war vor dem Eintritt in den Körper und sie wird es weiter danach sein.

Doch zurück zu den Impulsen, die ich euch mitgeben will, wenn ihr Kontakt zu den Verstorbenen aufnehmen wollt. Das ist tatsächlich gar nicht so schwer. Einerseits sind die Worte, aber auch die Gedanken, die ihr fühlt, Teil des großen Ganzen, andererseits ist lediglich die Kommunikation dieser

Worte und Gedanken unterbrochen über die Veränderung, ohne Körper zu kommunizieren, doch letztlich bleibt die Verbindung so stark, wie ihr sie pflegt und das alles erhalten wollt. Wird die Kommunikation jedoch unterbrochen, so verändern sich die Resonanzen etwas. Denn auch wenn eine Verbindung bleibt, sie kann gestärkt oder geschwächt werden. Das Wichtigste ist also für euch zu realisieren, dass die empfundene plötzliche Wand zwischen euch nicht besteht, sondern über die Kommunikation die Verbindung aufrechterhalten werden kann. Die Kommunikation miteinander, auch wenn ihr dabei nicht sofort eine Antwort empfindet, sie ist getan. Wenn eine Seele den Körper verlässt, dann kommt sie in die Wahrnehmung der Ebene der Kraft, die sie kreiert hat aufgrund der Freude oder eben aufgrund der Traurigkeit. Dort aber ist sie weiterhin aus dem Äther - wie ihr die feinstoffliche Welt benennt - verbunden mit allem, was sie in ihrem Leben an Verbindungen erschuf, wie aber auch verbunden mit dem großen Ganzen - aber anders wahrnehmend. Das bedeutet im konkreten Fall: wenn ihr Kontakt zu solch einer Seele sucht, dann sprecht folgende Worte:

„Das Leben hat uns verbunden, der Tod soll diese Verbindung nicht lösen - daher bitte ich dich, bleibe mit mir in Verbindung."

Das ist die Bitte und die Erlaubnis zugleich, dass diese Verbindung weiter so bestehen bleibt, wie sie es über die Körperlichkeit gelebt wurde. Diejenigen, die keine solche weitere Verbindung erhalten möchten, brauchen diese Formel nicht sprechen. Dennoch sollten sie wissen, dass die Verbindung weiter bestehen bleibt.

Das bringt mich zu der Frage, ob es denn möglich ist, eine Verbindung zu lösen, wenn man negative Erfahrungen mit jemandem gemacht hat. In dem Sinne, dass man sagt: Okay, danke für die und die Erfahrung, aber bitte geh du jetzt deinen Weg, ich möchte meinen Weg ohne eine weitere Verbindung gehen. Geht das und wenn ja, wie?

Das geht. Aber alle Bitten können die Verbindungen des Kosmos nicht lösen, daher ist alles, was ihr diesbezüglich erbeten könnt, lediglich, dass die Verbindung nicht weiter so besteht, wie sie war, sondern nur auf dem kosmisch allgemeinen Niveau.

Kannst du dazu einen Text geben?

„Das Leben hat durch die Kommunikation unserer Seelen verschiedene Spuren hinterlassen. Der Tod soll keine weiteren Spuren in unserer Verbindung hinterlassen."

Und damit beendet man diese Ebene, also das, was auch immer war, und es bleibt auf dem niedrigsten Energieniveau, richtig?

Ja.

Also auf dem Niveau, wo alle miteinander verbunden sind, richtig?

Ja.

Das ist interessant. Also dann gehen wir jetzt einfach mal zurück zu denen, die in Kommunikation, also besser gesagt, in Verbindung bleiben wollen. Soll man dann einfach mit den Verstorbenen weiter-reden oder wie geht das? Was rätst du, wenn man zum Beispiel eine gewisse Verbindung erhalten möchte, eine starke?

*Das ist eine schöne Frage, Liebes: Dann, wenn ihr eine starke Verbindung erfolgreich weiter erhalten möchtet, beginnt das Kommunizieren über eure Gefühle weiter auszubauen. Denn auch, wenn die Worte nun keine wortwörtliche Antwort her-vorrufen, die Gefühle in euch sind auch ein Werkzeug, das viel kommuniziert. **Erkennt daher, dass die Gefühle nun euer Kommunikationsmittel werden. Dann begebt euch in diese Wahrnehmung der Gefühle in euch und ihr werdet mehr und mehr Antworten empfinden.** Das ist die Art und Weise, wie Verstorbene mit euch weiter kommunizieren! Nicht mehr und nicht weniger.*

160

Hmm, okay, und was ist mit Träumen?

Auch eine Form der Kommunikation, doch sehr vage. Es ist um ein Vielfaches intensiver, in die Gefühlswelt zu treten und über sie die Impulse zu empfangen als über Bilder eines Trau-mes, der letztlich doch auch Teil des eigenen Egos ist.

Aber was sind das für Dinge, wenn sich im Raum irgendwelche Ge-räte bewegen, Schubladen aufspringen u.s.w.? Was ist das? Sind das auch Verstorbene?

Ja.

Ach echt? Und wie machen die das - oder besser gesagt, wieso machen sie das?

Das ist ganz einfach. Diese Verstorbenen sind weiterhin bei euch und suchen Aufmerksamkeit. Daher ist es wichtig, die Kommunikation über die Gefühle zu erhalten oder zu erschaffen.

Jetzt wird es etwas kompliziert. Du sagst mir, sie sind bei den Menschen, also sie sind da und suchen Aufmerksamkeit. Das ist ja hier auf der Erde. Gleichzeitig aber sagst du, sie kommen in die Ebene ihres Levels ihrer Kraft. Wie genau kann ich das verstehen?

Du fragst sehr wichtige Komponenten ab, danke dir dafür: Das Wichtigste im Verstehen des Kosmos ist, dass ihr lernt, aus den alten Gedanken und Glaubensmustern zu treten, denn nur wenn du in Formen des Menschseins denkst, kannst du das Feinstoffliche nicht verstehen. **Daher wisse bitte - die Verstorbenen nehmen das wahr, was ihre Seele kraft des Reinigungsgrades und der Liebe in sich entfaltet hat. Gleichzeitig aber gibt es die Möglichkeit, das Diesseits auch zu nutzen. Also egal wie wenig Kraft - Freude geladen eine Seele ist, das Nutzen materieller Objekte, um Aufmerksamkeit zu erzeugen, ist dennoch möglich.**

Das hört sich trotzdem unglaublich kompliziert an, um ehrlich zu sein. Denn einerseits denkt man, sie sind auf irgendeiner Ebene und sind dort irgendwie mit sich, und auf der anderen Seite können sie die Schreibmaschine nutzen? Das ist echt sehr schwer zu verstehen.

Es kostet uns ein ganzes Buch, dies besser zu erklären.

∞

Hmm, das ist dann das Buch über die Feinstofflichkeit, richtig?

Ja, genau.

Okay, dann bitte bleiben wir einfach bei den Informationen, die jetzt wichtig sind und arbeiten damit, ja?

Ja.

Gibt es auch Verstorbene, die wieder in andere Körper hineinwollen?

Natürlich.

Ist das auch Teil des Buches über die Feinstofflichkeit, oder ist das hier zu beschreiben?

Es ist etwas schwierig, das hier zu beschreiben, doch lass es mich versuchen. Die intensive Antwort bekommt ihr dann in diesem anderen Werk über die Feinstofflichkeit.
Das Maß der Verzweiflung, die eine Seele haben kann, ist an ihre Erfahrung in einem Körper gebunden, und da viele der freudlosen Seelen keinen anderen Weg sehen, als in andere Körper zu gehen, um Kraft zu tanken, leben sie diese Art. Das ist eine sehr komplexe Antwort, und ich möchte das bei dem anderen Werk dann besser beschreiben. Wisset nur, dass die verschiedenen Möglichkeiten, die der Kosmos bietet, auch immer eine Gefahr sind, Energie zu verlieren, und Verstorbene suchen auf unterschiedlichste Art und Weise, Energie von Menschen oder anderen Wesen im Kosmos zu bekommen.

∞

Ganz kurz, was meinst du mit anderen Wesen im Kosmos? Also du meinst jetzt generell, auch auf anderen Planeten gibt es ja Verstorbene und die haben das gleiche Thema, oder?

Ja.

Aha, okay. Gut, lass uns lieber bei den Menschen bleiben, das ist sonst so verwirrend.

Okay.

Man kann so ein bisschen das Gefühl bekommen, dass derjenige, der in seinem Leben wenig Freude hatte, dann auch noch bestraft wird, indem er danach weiterhin keine Freude hat und auch keine Kraft. Und das stellt ihn noch mal vor neue Herausforderungen. Er kann sich weniger bewegen, ist weniger flexibel und empfindet in diesem Zustand wieder nur Mangel. Dann sucht er in dieser Verzweiflung vielleicht Wege, wie zum Beispiel eben über Menschen zu gehen, die ihm auch noch nicht weiterhelfen können. Ich hatte das Bild von einem reichen Menschen, der sehr viel Geld hat und sehr viele materielle Güter. Irgendwie denkt man, dass man sich mit diesem Geld sehr viel Freude kaufen kann, und da scheint es irgendwie unfair zu sein, dass die einen sich allein über das Geld diese Freude kaufen können, und die anderen nur wegen des Geldes keine oder weniger Freude haben - um dann am Ende auch noch bestraft zu werden für diese Umstände ... Auf der anderen Seite weiß ich aber nur zu gut, dass wirkliche Freude gar nichts mit Geld zu tun hat.

Genau, Liebes. Doch lass mich dazu gerne noch etwas sagen.
Das Erfahren von Freude ist keineswegs an Geld oder Ma-

163

∞

terie gebunden, lediglich die Basis ist eine wichtige Komponente: damit meine ich, dass man nicht friert und dass man körperlich nicht hungert. Dadurch treten tatsächlich andere temporäre Problematiken auf, die aber kosmisch begleitet und beschützt werden. **Du kannst pauschal sagen, dass alle Lebewesen, die materiell einen Mangel erfahren müssen, durch kosmische Kräfte begleitet werden, die das Leben als solches betreuen und dadurch eine Art gesonderte Stellung besteht.** Doch zurück zu denen, die viel haben. Diese Menschen haben zu großen Teilen das Empfinden verlernt. Das bedeutet, dass ein Mensch, der sehr viel Geld und Materie hat, oft so viel kämpfen musste für diese Materie, dass er die feinen Töne seiner Seele lange schon nicht mehr hören kann. Das bedeutet, dass Freude, die seelisch tief schwingt, auch nicht empfunden wird. Du würdest dich sehr wundern, wenn du sehen könntest, wie viele Lebenszeit-Reiche letztlich dann ohne Kraft sind.

Hmm, ich weiß gar nicht, ob ich mich tatsächlich sehr darüber wundern würde, es macht ja tatsächlich auch Sinn. Das heißt also, die ganz Armen haben wirklich einen bestimmten Schutz, sodass die Seelen in einen gewissen Zustand gebracht werden, indem sie das auch aushalten und eben auf gewisse andere Art und Weise Freude erfahren können?

Das ist richtig. **Wenn eine Seele in Not gerät - und das tut sie über den Körper, der hungert oder sehr leidet - dann resoniert diese Bedürftigkeit mit dem Kosmos, und dann beginnen andere, sehr helle helfende Energien diese Seele zu stützen.**

Aha, kannst du mir das irgendwie beschreiben? Wird sie wirklich in einen anderen Zustand gebracht oder wie ist das?

Sie bekommt aus dem Kosmos eine bestimmte Art Schutz und dieser Schutz bewirkt, dass das Empfinden der Freude in jedem Fall erhalten und ermöglicht wird. Also das innere Empfinden wie separiert wird von den äußeren Umständen.

Ah, verstehe, das ist dann tatsächlich ein sehr spezieller Zustand. Na dann habt ihr ja einiges zu tun auf diesem wahnsinnigen Planeten, wo es so viele Arme gibt und so viele Leidende.

(schmunzelt)

Ich finde es halt unglaublich, was sie hier aufführen. So viel Reichtum und so viel Fülle und am Ende hast du tatsächlich Menschen, die hungern müssen, während am anderen Ende der Welt das Essen weggeworfen wird. Ich werde nie aufhören können, mich über diese Dummheit aufzuregen. (Seufz) ... Du kennst mich.
Gut, jetzt sind wir etwas sehr abgeschweift vom Thema. Möchtest du noch etwas dazu sagen, wenn es darum geht, Kontakt mit Verstorbenen aufzunehmen? Du hast das Bild genannt, wenn Menschen vor Gräber treten. Was genau meinst du damit - wenn sie vor Gräber treten? Du kannst doch überall mit Verstorbenen Kontakt aufnehmen, das hat doch nichts mit dem Grab zu tun.

*Das weißt du, aber nicht die Menschen, die keinerlei derartiges Wissen bekommen - also, lass mich diese Frage beantworten. **Dann, wenn ihr vor die Gräber eurer Verstorbenen tretet, werdet ruhig und lauscht in euch. Dort kann durch***

diese Stille vielleicht die Antwort und die Kommunikation mit dem Verstorbenen wieder beginnen.

Du bist gerade so sanft, Freund der Indianer. Was ist?

Weil ich möchte, dass die Menschen verstehen, dass es diese Trennung nicht wirklich gibt und wie ein Vater, der seinem Kind sagen möchte, dass alles gut ist, lege ich sehr viel Liebe in diese Worte.

Möchtest du den Menschen denn in dieser Liebe noch etwas Abschließendes mitgeben, zu diesem Thema, wenn sie in Kommunikation mit den Verstorbenen treten wollen?

Gerne.

Bitte sprich.

Das Leben, liebe Menschen, ist nur eine Stufe eines langen, langen Weges. Doch es gibt Räume, in denen man verstanden wird und es gibt diese, in denen die Kommunikation unterbrochen scheint. Das ist sie aber nie. Das Wichtigste ist, dass ihr erkennt, dass die Werkzeuge, um in Kommunikation zu bleiben, immer in euch sind!
Das Leben ist Verbindung, der Tod ist es auch.

Wow, danke dir vielmals. Danke, Danke, Danke.
Und was möchten wir denn als Nächstes besprechen?

Das nächste Thema wäre das Verstehen der Zustände in der

Zwischenwelt.

Ah ja, okay. Dann danke dir vielmals für heute. Danke, Danke, Danke. Liebe.

KOSMISCHER IMPULS

Aufrechterhaltung der Verbindung:

Das Leben hat uns verbunden, der Tod soll diese Verbindung nicht lösen - daher bitte ich dich, bleibe mit mir in Verbindung.

Lösung der Verbindung:

Das Leben hat durch die Kommunikation unserer Seelen verschiedene Spuren hinterlassen. Der Tod soll keine weiteren Spuren in unserer Verbindung hinterlassen.

Eintritt in die Zwischenwelt

Lieber Freund der Indianer, du hast gesagt, du möchtest jetzt über die Zustände der Zwischenwelt berichten. Ist das wirklich die richtige Bezeichnung?

Ja.

Dann bitte beginne, wie du beginnen möchtest.

Das Wahrnehmen durch eigene Sinne ist euch allen bekannt. Doch das Wahrnehmen ohne die körperlichen Sinne nicht. Die Seele befindet sich über den Zeitraum der Inkarnation in dem menschlichen Körper. Dieser bietet die Grundlage der Wahrnehmung des Seins während dieses Zustands. Doch habt ihr über die Energie in eurer Seele weit mehr Werkzeuge der Wahrnehmung des Kosmos. Das mächtigste Werkzeug dabei sind die Gefühle.

Was, die Gefühle, ausgerechnet die Gefühle? Es heißt doch immer, man soll lernen, seine Gefühle in den Griff zu kriegen und dann erst versteht man die Seele. Und jetzt sagst du, die Seele selbst ist auch nur Gefühl?

Das möchte ich differenzieren. Das Wahrnehmen über eure körperlichen Werkzeuge bedeutet eine direkte Reaktion, die Umwelt zu fühlen. Das Wahrnehmen der Seele aber ist die Reaktion auf die kosmischen Impulse.

Du befindest dich also seit deiner Inkarnation auf der Erde in einem Zwiespalt. Einerseits fühlen die Gefühle des Körpers und lenken deine Entscheidungen - gleichzeitig aber bist du weit mehr als das, über die Wahrnehmung, die deine Seele leben kann. Daher ist es wichtig, die Balance zu finden Zeit deines Lebens. Welche Impulse sind die nötigen, um im Körper zu existieren und zu kreieren, und welche sind es, die aus dem Kosmos viel tiefer und ewig wirken in dir. Das alles ist eine Geschichte, die du selbst kreierst.

Moment, Freund der Indianer, meinst du jetzt, dass „alles immer da ist", dass alle Werkzeuge immer vorhanden sind, diese Gesamtheit zu fühlen und dabei eine Geschichte, das eigene Leben und viel mehr zu kreieren?

Das Leben im Kosmos, wie auch das Leben in deinem Körper ist deine Verantwortung.

Verstehe, also meinst du, dass alles ist, also das ganze Sein ist?

Ja.

Okay. Gut, also wir sind diese zwei Teile, die meisten leben natürlich nur den einen, nämlich den körperlichen. Und was genau hat das jetzt mit dem Tod zu tun, mit dem Übergang?

Das Wahrnehmen der kosmischen Impulse wird das Verstehen des Übergangs einleiten. Denn wenn die körperlichen Impulse vergehen, weil sie einschlafen durch den Alterungsprozess, dann beginnen die seelischen Impulse wieder mehr

∞

in den Vordergrund der Wahrnehmung zu treten. Das bedeutet, dass ihr erkennen müsst, dass das Vergehen der körperlichen Impulse gleichzeitig das Aufblühen der seelischen Impulse bedeuten kann. Oder besser, ganz sicher bedeutet, denn wenn ein Leben, ohne die Wahrnehmung der seelischen Impulse, ohne vollem Bewusstsein verlebt wurde, dann ist dies wie eine Geburt der Wahrnehmung der Seele und lediglich ein Tod der Wahrnehmung über die körperlichen Sinne. Wenn natürlich in Lebzeiten die Balance dieser beiden Kräfte schon erschaffen wurde, dann ist dies nur noch ein kleiner Tod der körperlichen Impulse, aber keineswegs eine Geburt der seelischen, denn diese waren nie gestorben.

Nun ja, gestorben ist natürlich das falsche Wort, gell?

Ja, doch es erklärt die Wichtigkeit der Bereitschaft und des Entschlusses in euch. Nur wer wirklich bereit und bewusst durch das Leben geht, kann die Impulse der Seele erfahren und auch gleichzeitig leben - er muss also nicht warten bis er stirbt.

Ja. Gut, also der Tod ist auch eine Geburt, zumindest für die Unbewussten unter uns.

Ja, dann beginnt die Wahrnehmung dessen, was die ganze Zeit um euch ist.

Du meinst, energetisch um uns ist?

Ja. Die ganze Zeit, die ihr hofft, das Ewige zu erfahren über die Materie, befindet sich die Ewigkeit bereits in und um euch. Der Übergang bedeutet im besten Fall ein langsames Ableben des Körpers und dadurch ein langsames Ablösen der Seele aus diesem Kokon - und im schlechtesten Fall, eine Erfahrung des Herausschleuderns. Aber egal, wie die Art des Übergangs ist, danach werden diese seelischen Sinne die Wahrnehmung in und um euch bestimmen - und zwar nur diese Sinne. Keine anderen Impulse als die kosmischen Impulse werden dann über eure Seele noch wahrgenommen. Daher beachtet bitte das Sehen, Riechen, Sprechen, Fühlen und Denken wird nicht mehr sein, aber so viel mehr.

Aber wenn du jetzt verschiedene Verstorbene hast, die dann doch so wenig Energie haben und sich nicht bewegen können, wie nehmen die dann wahr?

Dazu kommen wir gleich. Das will ich erst langsam aufbauen. Die Wahrnehmung der kosmischen Impulse über die Seele erfolgt über die Kommunikation der Seelen miteinander. Du musst dir das vorstellen wie ein Netz aus Verbindungen, das jeder Mensch, eine jede Seele durch die vielen Lebenserfahrungen erschaffen hat. Dieses Netz ist nun stark oder schwach, je nach der Verbindungskraft dieser Seele in die Quelle. Dann also, wenn die Seele aus dem Körper tritt, wird sie dabei von den Kräften des Kosmos begleitet. Sie wird niemals in einem isolierten Zustand erfahren.
Das bedeutet, dass die Wahrnehmung des Einsamkeitsgefühls gar nicht mehr möglich ist. Die Seele fühlt die Ganzheit des Kosmos. Sie tut dies allenfalls wenig stark. Aber sie tut es. Das bedeutet, dass die Momente des Übergangs eine liebe-

∞

volle, erleichternde Erfahrung ist - keineswegs eine erschreckende und verdunkelnde.

*Doch: der **Zustand** einer Seele nach einem solchen Leben bereitet die Plattform der Wahrnehmung dieses Kosmos. Erst eine Kampfesenergie um das Überleben, so wird hier die Seele ausschließlich ohne Kampf und eigenständig, aber dennoch begleitet, von den vielen kosmischen Energien, in die sie eingebettet ist, das reine Sein erfahren. Eine Seele voller Liebe und Freude wird diese auch dort empfinden. Eine Seele voller Traurigkeit, Lieblosigkeit und Lebensfrust wird diesen auch dort empfinden. Ganz einfach, **weil die Begleitung der kosmischen Energien zwar einerseits helfen, um den Übergang in Liebe und mit einem Ganzheitsgefühl zu erfahren, doch andererseits beginnt dann die Entfaltung der angereicherten Energie. Und diese bestimmt wiederum eure Wahrnehmung. Also befindet ihr euch einerseits betreut in der Liebe des Kosmos, aber andererseits nehmt ihr sie vielleicht nicht wahr, wie sie eigentlich ist.***

Okay, ich verstehe. Also ist tatsächlich die Erfahrung der Reinigung, die Erfahrung der Freude und der Liebe, die Entfaltung der Liebe in uns, der ganz, ganz wichtige Schlüssel für die Wahrnehmung dann nach dem Übergang?

*Ja, eine ganz einfache und doch so schwierige Formel. **Egal, was du erlebst, das Kommunizieren der kosmischen Wesenheiten, das Strahlen der Quelle, das Beleben der Kraft des Bewusstseins - all dies ist immer da, aber du kannst es vielleicht nicht wirklich wahrnehmen.***

Aha, das heißt, der Kosmos besteht gar nicht wirklich aus Ebenen, sondern er besteht allenfalls aus verschiedenen Wahrnehmungen des einen immer gleich Seienden.

Ja, das kannst du so sagen. **Das Leben im Kosmos bedeutet also nicht helle und dunkle Orte vorzufinden, sondern sie in sich zu tragen.**

Gut, wir denken räumlich. Deswegen möchte ich es jetzt kurz in ein Bild übersetzen. Stellen wir uns mal vor, wir befinden uns alle in einem Raum - das ist jetzt der Kosmos. Der eine Mensch geht in den Raum und sieht gar nichts, also im Sinne von: er fühlt sich alleine in diesem Raum, er sitzt dort und wartet; und ein anderer Mensch geht in diesen Raum und sieht ganz viele andere, redet mit ihnen, plaudert mit ihnen, bewegt sich im Raum, macht dies und macht das - und beides ist nur aus der Wahrnehmung des jeweiligen Menschen heraus so, wie es ist. Aber der Raum und alles, was in ihm ist, ist immer der gleiche, richtig?

Ja.

Wow, also ich muss sagen, das ist wirklich einleuchtend. Hm, okay, und was können wir tun, wenn wir jetzt zum Beispiel einen Menschen beziehungsweise eine Seele haben, die in den Übergang mit sehr wenig Energie und sehr verunreinigt geht - wie kann diese Energie sich helfen? Kann sie das überhaupt?

Das Wichtigste bei all den Dingen, die ihr in eurem Leben aufführt ist - bitte, verinnerlicht, wie wichtig es ist, Reinheit zu erschaffen oder sie zu erhalten, Dankbarkeit zu fühlen,

∞

Liebe zu geben und Bewusstheit zu leben. Diese Komponenten sind die vier Himmelsrichtungen des Kosmos, wenn du es so sagen möchtest.

Das ist ein schöner Begriff, die vier Himmelsrichtungen des Kosmos (lacht).

Das Problem, das die Wahrheit des Kosmos darstellt, ist, dass wirkliche Reinigung im Zustand der Feinstofflichkeit nicht möglich ist, aber im Zustand der Inkarnation!

Hmm, echt sonst gar nicht?

Nein.

Wow, das heißt, man muss inkarnieren, verunreinigt durch das Inkarnieren und muss dann aber auch wieder reinigen und das geht auch nur über das Inkarnieren. Das heißt, es gibt nicht irgendwie ein „Nein, ich komm nicht mehr wieder, weil ich nicht noch weiter verunreinigen will", sondern man muss echt wiederkommen und die Wege finden, um dann diese Reinigung zu erfahren. Das ist krass. Entschuldige das Wort aber ... Okay, aber trotzdem, kann man irgendwie diesen Wesen helfen ... die dann im Kosmos so kraftlos sind?

Eine liebevolle Geste kann helfen.

Was denn zum Beispiel?

Wenn du einem Verstorbenen helfen willst, dann schicke ihm ganz viel Kraft, indem du dich darauf konzentrierst, wie er

war, wie er lächelte, wie er lebte. Dieses Gefühl in dir, diese Bilder verbinden und ermöglichen, dass diese Kraft aus dir auch wirklich den Richtigen erreicht. Du kannst beten und lieben so viel du willst und nicht den Einen erreichen, wenn du dich nicht darauf konzentrierst. Deshalb richte deine volle Aufmerksamkeit auf diese Kraft der befreundeten Seele. Bete liebevolle Impulse, sag sie kraftvoll, aber nicht schreiend, sag sie liebevoll, aber nicht zu zart.

Aha und was kann im besten Fall passieren, wenn man sich so darauf konzentriert, dass man einem Verstorbenen etwas Energie schicken möchte?

Dann erfährt der Verstorbene diese Kraft, indem sie ihn erhebt.

Kannst du das ein bisschen besser beschreiben?

Das bedeutet, seine Kraft steigt an und damit verändert sich seine Wahrnehmung sofort. Und es kann sein, dass er die Wesen um sich alle wahrnehmen kann.

Aha und ich denke mir, das ist wie bei einem Wasserhahn, den man langsam aufdreht. Es gibt tatsächlich verschiedene Stufen von der Wahrnehmung, erst nimmt man vielleicht nur wenige andere wahr, dann nimmt man immer mehr wahr, oder?

Ja.

Aber ist es nicht auch so, dass man in der jeweiligen Empfindungswelt, in dem jeweiligen Zustand, in dem man dann ist, auch die gleichen Seelenzustände wahrnimmt? Wenn also zum Beispiel jemand in seinem Leben depressiv war und es schafft, wenigstens auch andere Energien in diesem Kosmos-Raum wahrzunehmen, nimmt er dann nicht erst einmal nur diejenigen Energien wahr, die Depressivität in sich tragen oder angesammelt haben oder wie ist das?

Das ist richtig. Eine etwas kraftlose Seele wird auch nur die anderen kraftlosen Seelen wahrnehmen, aber nicht die kräftigen.

Ich hab das auch schon mal gehört, wenn man zum Beispiel jemanden hat, der etwas weniger Kraft hat, solche Seelen sehen schon auch immer einen hellen Punkt, eine Art hellen Übergang, ist das richtig?

Ja. Das Problem ist tatsächlich die Kraft in ihnen. Sie können sich nicht einmal in diese hellere Erfahrung bringen. Sie sind wirklich wie gefesselt ohne Fesseln. Die Fesseln selbst aber sind in ihnen.

Okay, und kann man ihnen sonst noch helfen? Also für sie beten und wann weiß man, dass es ihnen besser geht?

Das haben wir schon besprochen - über das eigene Empfinden. Die Seelen kommunizieren miteinander und müssen nur lernen, ihre Sprache zu verstehen.

Okay, und diejenigen, die es eben geschafft haben in Reinheit und Liebe und sehr viel Bewusstheit den Übergang zu gehen, werden also all die anderen Wesenheiten wahrnehmen und kommunizieren mit ihnen und sind dann dort, richtig?

Ja.

Aha. Was mich noch interessiert, ist - wie kommt es zu einer weiteren Inkarnation, wenn zum Beispiel eine verunreinigte Seele in dieser Wahrnehmung feststeckt, welche auch immer sie hat, alleine oder nur mit ein paar anderen Seelen - wie kommt es dazu, dass sie wieder inkarnieren?

Das tut sie ganz einfach durch den Beschluss. Eine Seele mag nicht so verweilen, also beschließt sie wieder in einem Körper zu schlüpfen, ganz einfach.

Und wie ist das bei den höher schwingenden Seelen?

Dort wird dann der Bedarf, als inkarnierte Kraft zu wirken, weniger, denn wer so viel Fülle wahrnimmt, der braucht keinen Körper, um zu erfahren.

Ah, klar. Und wie muss ich mir das vorstellen, wenn man da dann ist, sucht man sich eine Aufgabe? Ich weiß, dass das eine sehr menschliche Frage ist, aber wie sind die Seelen dort?

Sie sind.

Okay, aber manche haben auch Spaß an einer Aufgabe?

Aber ja, jede will geben. Jede liebevolle, reine Seele will etwas beitragen dazu, dass eine Harmonie im Kosmos herrscht.

∞

Schön, verstehe. Gut, eine Seele, die eben dann dort so allein empfindet und sich nicht gut fühlt, sagt dann einfach: Ich komme wieder - und dann fängt für sie die Reise in den Körper wieder an?

Ja, genau.

Und dann erhofft sie vielleicht Zeit ihres Lebens, dass sie doch irgendwie mehr Liebe und mehr Reinheit leben will und sie beginnt diese Impulse im Leben zu leben, oder?

Ja. Alle menschlichen Werkzeuge ermöglichen diese Erfahrung der Reinigung, der Liebe, der Bewusstheit und der Entfaltung der eigentlichen seelischen Kraft.

Aber viele vergessen ...

Ja, das ist das Problem oder besser die Prüfung, denn wer im Zustand der Zwischenwelt verweilt als depressive Energie, der ist nicht gleich, nur weil er in einem Körper beginnt zu leben, wieder bei vollem Bewusstsein, liebevoll, kraftvoll und stark, ohne diese Depressionen. Er trägt sie weiter in sich und hat nun die Möglichkeit, in der Lebenszeit über die unterschiedlichen Erfahrungen so viel Antrieb und Sehnsucht zu entfalten, dass er den Weg der Reinigung sucht. Das kann manchmal viele, viele Inkarnationen brauchen, um diese Kraft wirklich aus sich heraus zu entfalten. Aber da Zeit nur ein Spiel der Dreidimensionalität ist, werte ich diesen Weg keineswegs. Egal wie lange diese Reise dauert bis sich die Wahrnehmung des Negativen in die Wahrnehmung der Ganzheit und vor allem der ganzen Fülle, die pausenlos um euch

ist, verändert hat, ist wertfrei und ohne eine Vorgabe an Zeit.

Möchtest du vielleicht noch einen Abschlusssatz sagen zu diesem wunderschönen Kapitel?

Das tue ich gerne, Liebes.
Das Leben, liebe Menschen, ist keine harte Prüfung des Kosmos an euch, es ist eure freie Wahl.
Das Leben bedeutet, alle Möglichkeiten des Wachstums immer um und in euch zur Verfügung zu haben.
Alles, was ihr braucht, ist Bewusstsein und Liebe in eurem Herzen, denn dann werden die menschlichen Schritte auch zu seelischen.

Oh, Freund der Indianer, du bist ja ein richtiger Poet.

Danke.

Dann danke ich dir vielmals, auch für dieses Kapitel, und frage natürlich, was wir denn als Nächstes machen?

Als Nächstes besprechen wir das Wirken der Kräfte während der Scheidung zwischen Körper und Seele.

Aha, das heißt, was alles wirkt, wenn die Seele aus dem Körper geht, richtig?

Ja.

Ich freu mich. Danke vielmals, Danke, Danke, Danke. Liebe.

∞

Die Scheidung von Körper und Seele

Lieber Freund der Indianer, du hast gesagt, du möchtest darüber berichten, was genau passiert, wenn der Körper von der Seele geschieden wird oder umgekehrt, die Seele von dem Körper. Bitte beginne.

Die Scheidung zwischen Körper und Seele ist ein sehr langsamer Prozess. Dabei entstehen verschiedene unvorhersehbare Zustände, die ihr aber alle meistern könnt.

Lass uns doch am besten ganz von Anfang an beginnen. Wir gehen davon aus, dass es nicht eine Herausschleuderung der Seele ist, richtig?

Ja, genau, das wäre etwas ganz anderes, denn beim Herausschleudern verursacht diese Kraft der Scheidung einen Schock in der Seele. Das Thema hatten wir schon besprochen.

Ja, deswegen bleiben wir jetzt bei dem Thema der langsamen Ablösung. Ich bitte dich, in Stufen zu beschreiben, wie das geschieht oder was auch immer du sagen möchtest

Ja, ich möchte nun unter deinem erweiterten Verständnis des Kosmos etwas detaillierter werden: Das Besondere an diesem Prozess ist, dass er nicht nur vom eigenen Willen gesteuert wird, wie das bei der Geburt der Fall ist. Nein, hier wirken vielerlei mehr Kräfte als bei der Geburt. Wenn das Leben im Körper weniger wird, weil die Organe schwächer werden oder eine gewisse Müdigkeit im Körper entsteht, dann beginnt die Verabschiedung der seelischen Kräfte, welche Bewusstheit und Liebe in sich trägt. Diese Verabschiedung ist eine Art erster Ablösung. Dabei konzentrieren sich die bisher im Körper verankerten Kräfte der Seele nun mehr auf die kosmischen Kräfte. Das bedeutet, dass dies in erster Linie eine andere Wahrnehmung mit sich bringt. Dann werden Engelbücher gelesen oder andere Informationsquellen für feinstoffliches Wissen aufgesucht und gemocht.

Aber das ist doch nicht bei allen so. So mancher kann damit bis zu seinem Lebensende nichts anfangen. Was ist mit diesen Menschen?

Sie nehmen diese veränderte Wahrnehmung nicht ernst.

Aha - oder nehmen sie sie vielleicht auch nicht wahr?

Nein, alle fühlen anders, sobald die Seele sich auf diese Ablösungsreise begibt. Alle. Diejenigen, die keine kosmischen Gesetze studieren wollen, reflektieren weniger über das Erfahrene und bleiben bei den Erfahrungen als junger Mensch oder bei anderen Lebenserfahrungen hängen und beschreiben diese. Andere aber richten ihre Aufmerksamkeit in diese sich verändernde Wahrnehmung und fühlen plötzlich anders als je zuvor - weiter, liebevoller oder wärmer. Das ist die Seele, die sich so entfaltet. Sie erwacht zum Leben, nachdem ein Leben lang diese Wahrnehmungen nicht gelebt wurden, aber die Schwäche des Körpers macht es möglich.

Okay, das ist der erste Prozess. Wie lange dauert dieser an?

Das kann Jahre andauern. Es hängt tatsächlich nur mit der Verringerung der Kräfte im Körper zusammen. Vergangenes wird in einer anderen Wahrnehmung reflektiert und dies ist Teil der Erweckung der Seele in ihr Bewusstsein.

Aha.

Dann, wenn die Aufmerksamkeit der Seele wächst und der Körper schwächer und schwächer wird, wirken auch andere Kräfte. Also kann der menschliche Körper nicht mehr so schnell gehen, aber die Seele war schon immer sehr viel schneller als der menschliche Körper. Die wachsende Kraft der Seele bedeutet also, dass eine Divergenz im Körper entsteht, die auf unterschiedliche Weise wahrgenommen wird. Das Kanalisieren der Kräfte in der Seele und gleichzeitig das weniger blockiert werden über den Körper, schaffen eine weniger materielle Wahrnehmung. Das Leben wird anders gesehen. Dann kommt die Phase der Kommunikation mit den kosmischen Kräften. Die Menschen brauchen dazu nur viel Ruhe. Doch Wenige erfahren diese Kommunikation als einen wirklichen Teil des Weges. Sie gehen diesen Weg unbewusst.

Aber Freund der Indianer - die meisten Menschen durchleben das alles total unbewusst. Bitte gib mir ein paar Tipps, was können die Menschen denn tun in so einer Phase, wenn sich die Seele so öffnet und vom Körper löst? Sollen sie meditieren? Was sollen sie mehr machen?

Das ist eine schöne Frage, danke dir, Sylvia. Sie könnten mehr und mehr lesen in Büchern, die über die kosmischen Zusam-

menhänge berichten. Sie könnten meditativer Musik lauschen oder sie meditieren einfach nur mit sich selbst. Die Formen sind unendlich.

Okay, das heißt ja prinzipiell, dass man in dieser Phase eine Art Talent entwickelt, sodass man mit kosmischen Energien in Kommunikation treten könnte, mehr als je zuvor?

Ja, genau. Als Mensch ist man so abgelenkt, dass die Kommunikation mit den Welten sehr schwer wirkt oder scheint. Doch kaum beginnt sich die Seele abzulösen, so erweitern sich die Werkzeuge der Seele und wer sich in Konzentration übt, kann dann mehr und mehr kosmische Impulse empfinden.

Gut, wie geht es weiter?

Die nächste Stufe ist das tatsächliche, endgültige Ablösen der Seele. Sie beginnt dabei, langsam wie in Zeitlupe - wenn ihr langsam visuell beschrieben haben möchtet - die bisherige Hülle zu verlassen.

Hmm, wie muss ich mir das vorstellen, wenn du sagst „wie in Zeitlupe", wo es ja keine Zeit bei euch gibt? Versuch es in einer Zeitspanne auf der Erde zu beschreiben. Ist es eine Sache, die eine Minute dauert, ein Jahr, ein Monat, eine Woche, ein Tag - ungefähr, also so der Durchschnitt - ich weiß, dass das immer unterschiedlich ist?

Das Besondere ist tatsächlich, das ich es in keine wirkliche Zeit beschreiben kann. Denn Entfaltung kann in einer Sekunde geschehen, doch aber auch Jahre dauern. Daher wisse, nur die Ablösung selbst ist etwas, das in einem Moment der Zeitlupenbeschreibung geschieht, doch wie lang dies in eurer Zeit gemessen bedeutet, ist völlig individuell.

Also prinzipiell ist es so, dass die Seele langsam aus dem Körper geht. Wenn man in normaler Zeit denken würde, in der man sich immer normal bewegt, dann würde die Seele in einer Art Zeitlupenprozess heraustreten. Aber dieser Zeitlupenprozess ist bei jedem so anders, dass man ihn nicht fest beschreiben kann, richtig?

Ja.

Hmm, also alles, was nicht in Schock durch Herausschleudern passiert, ist ein Zeitlupenprozess, aber wie gesagt, man kann nicht wirklich sagen, wie lange er dauert?

Ja.

Aha, okay. Und was genau passiert dann mit dem Körper?

Die Konzentration verlässt euch, wirre Dinge werden gesprochen, weil der Körper wie ein führerloses Boot wird. Sein Bewusstsein wie auch seine Verbindung in den Kosmos werden schwächer und schwächer und dabei wirken verschiedene Kräfte: Das eine ist die Kraft des Lebens selbst, das Chi. Doch das Chi wird aus der Quelle gespeist und wenn die Seele den Körper mehr und mehr verlässt, so erreicht den Körper weniger und weniger Kraft der Quelle. Daher werden die Kräfte in den Organen schwächer und schwächer. Das wiederum beschleunigt die Ablösung der Seele. Das Letzte, was die

Seele noch am Körper befestigt, ist die Befestigung des Bandes der Verbindung.

Meinst du damit die Silberschnur? Davon hatten wir noch nie gehört. Also, ich nur in anderen Büchern, aber du hast darüber noch nie berichtet. Was genau meinst du?

Das Beschreiben dieser Verbindungskraft mit einer Silberschnur kenne ich - befürworte sie aber nicht. Denn effektiv ist dies keine Silberschnur. Es ist eine verbindende Kraft, die weit mehr noch als eine Schnur darstellt. Das Bild verzerrt mir zu sehr.

Dann bitte beschreibe es genau - wie sieht es denn aus, wenn es keine Schnur ist?

Das letzte Band, das Körper und Seele miteinander verbindet, ist eine feine Linie, doch sie erstreckt sich über den ganzen Körper. Nicht wie eine Schnur, die ein Ende und einen Anfang hat, sondern eine Fläche aus einer feinen Linie, die wie ein Teppich den Körper mit der Seele verbindet.

Und wie muss ich mir das bildlich vorstellen, wenn die Seele in diesem Ablösungsprozesses ist ... ist sie dann über dem Körper, neben dem Körper, wo ist dieser Teppich? Ist er um den ganzen Körper drum herum?

Das ist er.

Aha, also wir haben erst die Seele im Körper drin - sie fängt an sich abzulösen - und dann in der letzten Phase befindet sie sich wie eine Art Teppich um den ganzen Körper. Das heißt, sie ist nicht mehr im Körper, aber sie ist um den Körper herum. Meinst du jetzt um den Körper, im Sinne von Grenze durch die Haut? Oder meinst du jetzt im Aurafeld?

Das Aurafeld.

Also ist die Seele schon aus dem eigentlichen Körper wirklich heraus und befindet sich nur noch im Energiefeld?

Ja.

Ah, aber von der Aura hast du auch noch nichts gesagt, das ist schwierig jetzt?

Das kann ich gerne kurz tun:
*Liebe Menschen - der Körper ist eine Verbindung der kosmischen Kräfte mit den materiellen Kräften eures Planeten. Das Entwickeln der Werkzeuge, die ein Körper hat, bildet die Basis, auf der dann die Seele in den Körper schlüpft und mit diesen Werkzeugen eine Reise durch die Zeit erfährt. Dabei strahlt die Seelenkraft immer durch euch, durch jede Zelle hindurch. Sie befindet sich nicht nur im sogenannten Solarplexus oder im Herzen oder im Dritten Auge oder welche Lokalisationen auch immer ihr sucht - **nein, sie befindet sich immerdar, in jeder Zelle eures Körpers. Wie ein großes Energiefeld, das alle Organe und alle Orte eures Körpers durchdringt. Dieses Energiefeld strahlt. Und diese Strahlung ist die Aura.** Das bisher Beschriebene bedeutet also,*

dass die Seelenkraft im Übergang den Körper langsam verlässt, aber dennoch in dem Energiefeld von Körper und Seele weiter besteht. Diese letzte Phase aber ist der letzte Moment, in dem die Seele dem Körper noch Kraft über die Verbindung mit der Quelle - Chi - ermöglicht und gleichzeitig der letzte Moment, in dem der Körper der Seele Ausdrucksformen ermöglicht. Reden, lesen, lachen, weinen, singen - all die Sinnlichkeiten eures Daseins werden ja nur über die Werkzeuge eures Körpers erfahrbar.

Okay, gut. Also die Seele ist dabei sich zu lösen, geht in das Aurafeld des Körpers nach außen und dann?

Das Wichtigste dabei wäre mir noch zu erwähnen, dass dabei der Körper verändert wahrnimmt und ihr euch wie in einer Wolke fühlt. Gedanken werden weniger klar, Gefühle werden weniger stark. Alles verblasst, weil die Kraft des Chi's verblasst. Wie ein Motor, der weniger und weniger Kraft, weniger und weniger Benzin bekommt. Die Taktschläge werden langsamer, die Geschwindigkeit, die Bewegung, alles was mit diesem Motor in Zusammenhang steht.

Das Beispiel einer Maschine ist lustig, aber ich weiß schon ungefähr, was du meinst.

Der Körper ist auf gewisse Art und Weise die Maschine, die sich die Seele zu Hilfe nimmt.

Okay - und was passiert, wenn dann die Seele den Körper ganz verlässt oder besser gesagt, wie passiert das? Beschließt sie das oder passiert das einfach?

Das ist ein Beschluss, aber es ist auch kosmisch bedingt. Denn wenn die Kraft des Körpers so schwach ist, dass sie keine Verankerung von bewussten Kräften mehr ermöglicht, löst sich die Energie von ganz alleine. Du weißt, welches Kraftpotenzial nötig ist, um überhaupt eine Seele in sich zu tragen.

Ja, ich weiß, du hast darüber schon einmal berichtet - erst ab der Größe einer Maus ist es überhaupt möglich, dass Seelen inkarnieren, davor ist es reine Körperlichkeit ohne Seele.

Ja, genau und wenn die Energie auf das Level der Maus absinkt, dann ist dies der Impuls der Seele zu gehen, denn aus rein kosmischen Gründen ist es nicht möglich, diese kleine Energie am Körper zu halten.

Okay, das heißt, von einer Minute zur anderen ist die Seele dann weg?

Ja.

Aber was ist jetzt mit dem Tod? Wann genau in dieser Phase war jetzt der Tod?

Das ist ein ganz anderes Thema. Wir reden hier ja nur von den Phasen der Ablösung. Die letzte Phase ist meist schon die Phase, in der die Menschen keinerlei Bewusstsein mehr erfahren und entweder durch das vernebelte Wahrnehmen noch vor sich hinleben oder tatsächlich der Körper schon aufge-

geben hat. Das Ablösen der Seele in der letzten Phase jeden-falls ist dann in jedem Fall erst sieben Tage nach dem wirklichen Ableben möglich.

Aha, also ich verstehe. Diese letzte Phase beinhaltet also auch den körperlichen Tod - bedeutet aber nicht, dass die Ablösung der Seele erst den körperlichen Tod einleitet, sondern der körperliche Tod passiert vorher, die Seele bleibt weiterhin in diesem Aurafeld und dann, irgendwann in einem letzten Moment, geht sie.

Ja, das hast du schön erklärt. Es ist schwer, diese Strukturen für mich so klar zu benennen, denn letztlich ist all dies Energie. Energiefelder, die ineinander gehen, wirken, weiter wandeln. Die Klarheit der eigentlichen Abläufe sind leichter für mich zu beschreiben, solange sie nicht körperlich sind.

190

Ich verstehe, also alle energetischen Abläufe sind für dich leichter zu beschreiben als die körperlichen - das heißt, der eigentliche Tod des Körpers ist für dich gar nicht so klar zu ersehen und auch gar nicht so wichtig, gell?

Genau.

Das hab ich verstanden. Was ist, wenn die Seele geht und der Körper dann ohne diese Energie ist, dann verwest er, ja?

Er verwest, ja.

Ach Gott, das ist schon ein schräges Gefühl, wenn man sich vorstellt, dass wir alle einmal irgendwann diesen Körper verlassen und dann ist er übrig, dann war er das Kleid für diese Seele, für diese Zeit. Man hat mit ihm all diese Dinge erlebt und plötzlich ist er nicht mehr da, das hat etwas Bewegendes. Gibt es denn irgendwie eine Art Sentimentalität, dass die Seele tatsächlich - so wie ich jetzt gerade - sagt: „Ach man, schön war's, danke für die Erlebnisse." Oder wie ist das?

Nein, die Seele nutzt das Fleisch und seine Werkzeuge, aber er ist keine bewusste Energie - oder redest du auch mit deinem Kleid?

Freund der Indianer, es gibt ein paar Lieblingsteile, sogar bei Autos ist das manchmal so - man ist so lange mit ihnen gefahren und dann muss man sie zum Schrott geben und irgendwie hängt man an ihnen - daher kommt das, verstehst du?

Hmm.

Okay, ihr seht das relativ pragmatisch, das ist ein Körperkleid und das war's.

Ja.

Okay, ahm ... trotzdem sind wir uns einig, dass die Seele durch den Körper strahlt, gell?

Aber ja. Du siehst die Seele durch den Körper schwingen.

Was ist mit Menschen ... ich habe sehr oft mit sehr hübschen Menschen zu tun, bedingt durch eine meiner Unternehmen, man kann aber nicht pauschal sagen, dass diese Menschen alle schöne Seelen haben, ich weiß, wovon ich rede.

Das brauchst du auch gar nicht, denn beobachte ihre Entfaltungen über einen längeren Zeitraum - wer entfaltet Liebe und Bewusstheit, der wird Schönheit weit ins Alter strahlen. Wenn du andere beobachtest, die diese Qualitäten nicht tragen, dann findest du auch keine Schönheit mehr, richtig?

Ja. Also du meinst, das ist in jedem Fall nur eine temporäre Art von Harmonie, die wir sehen, und eigentliche seelische Schönheit entfaltet sich im Laufe der Zeit, über einen längeren Zeitraum, gell?

Ja.

Nun, es gibt auch sehr viele, sehr hübsche andere Menschen, die auch im Alter noch sehr schön sind. Aber lass uns das nicht verzerren. Seelische Schönheit hat nichts mit dem Verständnis von Schönheit unter den Menschen zu tun,

Absolut. Eine Seele strahlt Großherzigkeit, liebevolles Wirken, Vertrauen, Wärme, Empathie und besondere Kraft, unabhängig wie der Körper ist, den sie bewohnt. Doch alle Kraft der Seele strahlt weiter als das Körperliche.

Hmm, okay, ich habe verstanden. Was ich noch nicht verstanden habe, ist der Moment, in dem die Seele sagt: Ich gehe jetzt. Das ist tatsächlich eher einer, der eingeleitet wurde über körperliche Defekte, richtig?

Das ist richtig. Wenn der Körper beginnt Kraft zu verlieren, dann ist dies der Impuls der Seele zu gehen.

Mhm, das heißt, wir können zusammenfassen: Wir haben beim Sterben einen Prozesses des ganz langsamen Ablösens - also im besten Fall - und bei der Geburt einen Prozess des vorsichtig in den Körper Hineingewöhnens - rein, wieder raus, rein, wieder raus, rein, wieder raus. Das heißt, es sind zwei völlig unterschiedliche Prozesse, richtig?

Ja, das ist richtig. Das Gebären ist wie eine langsame Hochzeit mit Verlobung und Kennenlernen. Das Sterben ist der langsame Abschied auf leisen Sohlen.

Wieso auf leisen Sohlen?

Das sagt ihr doch so, wenn etwas leise aber kontinuierlich geschieht.

Hmm, ja das sagen wir. Nun, dann muss ich aber trotzdem final feststellen, dass sehr viele Menschen sehr unbewusst in diesen Zustand gehen. Ich habe fast noch nie jemanden erlebt, der im Zuge dieser Übergänge seine Wahrnehmungen so verändert hat.

Aus diesem Grund schreiben wir ja dieses Buch, damit die Menschen ihre Wahrnehmung öffnen und konzentrierter diese Impulse wahrnehmen, die sich verwandeln und diesen Prozess genießen. Er ist eine Reise, die auch sehr viel Spannendes bereithält.

Du hattest vorhin gesagt, dass er auch unberechenbar ist, dieser Prozess. Was kann denn passieren? Gibt es da irgendwelche Faktoren, auf die man achten muss?

Nein, er ist nur ungewiss, weil er wirklich von jedem anders erfahren wird. Die einen leben einfach genauso vernebelt weiter wie immer schon, andere beginnen plötzlich Dinge wahrzunehmen, die sie noch nie wahrgenommen haben.

Hmm, verstehe. Also Gefahren gibt es keine?

Nein.

Nur die eigene Angst, richtig?

Ja.

Okay, aber es gibt ja nichts, wovor man Angst haben muss.

Absolut. Das Leben ist kosmisch geführt und das Ableben auch. Es gibt nichts, wovor man dabei Angst haben muss.

Nun ja, es gibt ja diese „wunderbaren" Bilder, die Menschen so erfinden - von Hölle und keine Ahnung was ... zum Beispiel von Geistern dort und all so einem Kram. Was ist damit?

Damit ist gar nichts. Es hat hier nichts zu suchen.

Möchtest du dazu noch etwas sagen?

Ja, natürlich.

Das Wichtigste bei diesem Prozess ist, dass ihr in Freude diesen Weg geht.

Das Befreien der Seele von den körperlichen Fesseln eines ganzen Lebens ist tatsächlich auch ein schöner Weg.

Eine Reise, die neue schöne Erfahrungen für euch bereithält. Daher bitte bleibt immer in der Wahrnehmung der Freude - was immer euch erwartet, es wird euch weitertragen in die nächste Stufe.

Sind das deine Abschlussworte zu diesem Kapitel?

Ja. Das Ende dieses Kapitels soll euch eine letzte Frage mit auf den Weg geben: Das Wesen, das ihr seid, will erfahren, wie es sich weniger gefesselt von einem Körper konzentriert entfalten kann. Was ist daran beängstigend?

195

Darf ich dazu etwas fragen?

Ja.

Nun ja, es ist für sie beängstigend, da sie nicht wissen, wie genau dieser Weg aussieht.

Aber das haben wir versucht festzuhalten. **Er soll freudig aussehen, liebevoll, kraftvoll, warmherzig, erhaben und grenzenlos. Ihr seid die Verantwortlichen für diesen Weg, kein anderer.** *Also beantwortet die Frage, wie ihr sie beantworten möchtet - und dies wird euer Weg!*

Nur eine kurze Frage noch. Du sprichst von den Fesseln des Kör-

∞

pers, die sich dann lösen und von denen die Seele frei wird. Im Prinzip hat sich die Seele doch dazu entschieden, in die Fesseln des Körpers zu treten.

Ja.

Dann ist es doch keine Befreiung, sondern nur eine weitere Stufe, denn wer begibt sich schon freiwillig in die Sklaverei?

*(Lacht) Das ist typisch Sylvia - wenn du nicht solche Fragen stellen würdest, dann wäre mein Sein fast langweilig - die Antwort ist doch ganz einfach, Liebes. **Das Befreien einer Seele wird immer über der Entscheidung der Inkarnation stehen. Doch ist die Inkarnation ein wichtiger Prozess dabei.** Die Freiheit der Seele zu fühlen und sie zu entfalten. Also wähle ich das Wort „fesseln" ganz bewusst, um die Sehnsucht nach der Freiheit mehr zu verdeutlichen, verstehst du?*

Ja, das verstehe ich sehr gut. Das eine Extrem, um das andere Extrem zu erfahren.

Genau.

Hmm, schade nur, dass ich so wenig Menschen begegne, die die Kraft dieser Befreiung wirklich empfinden und auch wirklich entfalten und erfahren wollen. Meistens enden sie in dieser Lethargie des - ja, es ist so. Hmm ...

Das ist ohne Wertung, Liebes, aber du begegnest doch auch Menschen, die diese Kraft fühlen, oder?

Ja, das stimmt schon.

Okay, was möchtest du noch zu diesem Kapitel sagen? Nichts? Ein Abschlusswort?

Ja.

Was denn?

Das Leben ist eure Chance, ganz zu werden.

Nichts weiter?

Nein.

Ah so, okay. Dann danke ich dir vielmals. Was ist das nächste Thema?

Das nächste Kapitel ist die Beschreibung der Seelenkraft, wenn sie die falsche Form bekommen hat.

Okay. Dann danke ich dir vielmals.
Danke, Danke, Danke, dann bis gleich ... Liebe.

Die falsche Form

Lieber Freund der Indianer, die falsche Form ist doch eigentlich etwas, das das Thema Geburt betrifft, oder?

Ja.

Bitte beginne einfach zu reden, wie du möchtest, was du möchtest.

Das Leben bedingt auch immer das Erfahren von Gefahren. Das Erfahren dieses Risikos ist die Prüfung der Seele an das Vertrauen, wie auch an die Bereitschaft in ihr, die Entfaltung wirklich zu leben. Denn wer kein Vertrauen in die kosmischen Abläufe hat, der kann die besonderen Prüfungen, die das Leben mit sich bringt, nicht bewältigen und wer keine Bereitschaft dazu in sich trägt, der kann dies genauso wenig. Daher ist das Leben ein ständiger Aufruf an die Seele, das Wunder Leben voll und in tiefer Hingabe durch diese Bereitschaft zu erfahren. Das nur als Einleitung.

Doch das, was wir hier eigentlich beschreiben wollen, ist die außergewöhnliche Problematik der Erfahrung der Seelen bei der Geburt in einen Körper, dann wenn Schwesterkörper bestehen, dabei Verwechslung wie aber auch bewusste Vertauschung geschehen können. Das Prinzip des freien Willens wirkt überall.

Die Seelen haben also dieses Werkzeug immer bei sich. Das bedeutet, dass der freie Wille die Kraft der Seelen befreit oder beengt - je nachdem, welche Entscheidung sie treffen. Das

Bestehen zweier oder mehrerer Föten im Körper einer Mutter bedeutet also für die Seelen Wahlmöglichkeiten. Oft wirkt die Frequenz des entstehenden Körpers auf die Seele harmonisch oder eben disharmonisch. Doch sind mehrere Möglichkeiten gegeben, die eine Harmonie erzeugen, so beginnt das Wählen des richtigen Körpers eine Herausforderung zu werden. Wenn also bei mehrfachen Föten die Seelen eine Auswahl bekommen, so entscheiden sie sich manchmal für einen Körper gemeinsam. Dann ist es eine Frage des freien Willens und der Kraft des Vertrauens und die elementare Bereitschaft, wer letztlich diesen einen Körper bekommt. Eine Art Kampf der Kräfte beginnt, obwohl der andere Körper auch in Resonanz mit der Seele geht. Verstehst du?

Ja, ich verstehe. Das heißt, der eine ist halt vielleicht 100 Prozent in Harmonie mit der Seelenkraft und der andere nur 99 Prozent. Kann das sein? Wobei mich wundert, dass es so was gibt, denn wenn etwas nicht 100 Prozent in Harmonie oder Resonanz ist, dann müsste eine andere Seele in den Körper gehen. Also dann ist die Anziehung nicht stark genug. Wie kann das passieren?

Es kann passieren, weil die Entscheidung, in diesen Körper zu inkarnieren, nicht in einem Moment getroffen wird, wie du weißt. Das „in die Körper schlüpfen" und „sie wieder verlassen" in der Schwangerschaft ist ein sehr wichtiger Prozess der Auswahl, die richtige Form zu finden. Alle Energien benutzen diese Möglichkeiten, um dadurch langsam die Enge aber auch die verkörperten Energien der Eltern zu fühlen. Doch zurück zu deiner Frage. Das Wählen des Körpers, in den ihr inkarniert, beginnt nach dem 4. Monat der Befruch-

199

∞

tung, aber die wirklich endgültige Entscheidung, welcher Körper belebt wird, wenn mehrere zur Verfügung stehen, wird über einen langen Zeitraum getroffen. Daher wisse: das Erfühlen dieser Form ist keine Sache von 100 Prozent oder 99 Prozent, wie du gerne sagst - dieser Prozess ist ein langwieriger Prozess, der in den letzten Stunden vor der Geburt seinen Abschluss findet. Wenn du also nun mehrfache Möglichkeiten für eine Seele, materielle Formen zu beleben, bereit stellst, dann wählen diese Seelen unter diesen Möglichkeiten.

Hmm ... das hab ich verstanden. Ist das eine Frage ausschließlich des freien Willens, wenn sich zum Beispiel eine Seele die Form X ausgesucht hat und die andere die Form Y, dann aber die Seele, die Y gewählt hat, doch im letzten Moment noch zu X geht? Wieso kann das passieren?

Das kann über die Kraft der jeweiligen Seele gelenkt werden. Alle Impulse werden über die Kraft gelenkt, wie du weißt.

Ja, dann hat die Seele, die sich dann am Ende doch umentscheidet, das also nie aus Versehen gemacht, oder?

Nein, wenige Beispiele finden sich, in denen dies Verwechslung war - aber wenn die Verwechslung vonstatten ging, war die Problematik der verschobenen Kräfte weniger präsent, denn dann, wenn etwas verwechselt wird, ist es sich tatsächlich sehr, sehr ähnlich.

Ja, das verstehe ich. Das heißt, in so einem Fall ist es dann nicht wie Form X geht in Y und Y geht in X, sondern da ist es dann eher XA und XB, weil es so ähnlich ist, und das bringt weniger Problematiken mit sich, als wenn X in Y geht?

Genau.

Hmm ... Okay, aber was genau passiert? Kannst du es mir in ganz feinen Schritten erklären? Was passiert in so einem Moment? Wann genau wird diese Entscheidung getroffen?

*Das kann ich gerne: Das Wesen, das leben will, sucht sich die passende Form. Die vielen in, aus, in, aus und immer wieder in den Körper- und aus dem Körper-Versuche formen die Entscheidungen der Seele. Doch dann, wenn die Geburtswehen einsetzen, wird die Entscheidung fällig. In diesen Momenten muss die Seele sich entscheiden. Entscheiden, ob sie die Form wählt, wie aber auch entscheiden, welche sie wählt, wenn sie Auswahlmöglichkeiten hat. Das bedeutet, dass die Zeit der Zeit der Wehen der Mutter gleichzeitig auch die letzte Chance der Seelen ist zu inkarnieren oder eben nicht. **Dann, wenn die Atmung einsetzt, verankert sich die Seele im Körper fest wie ein beweglicher Korken, wie ihr es gerne sagt.***

Gut. Die Thematik, dass die Seelen sich auch dann immer noch ungefähr ein Jahr lang umentscheiden können, hatten wir ja schon besprochen.

Ja.

Was genau bedeutet es nun, wenn also im Kampf der Energien, ich nenne es jetzt einmal so plakativ, wenn im Kampf der Energien in diesen letzten Momenten der Entscheidung die Körper anders gewählt werden als zuvor? Eine Energie entscheidet sich um und geht dann doch in den Körper, den sich eine andere Energie die ganze Zeit ausgesucht hat. Was genau bedeutet das jetzt dann für beide?

Das wird anstrengend für die Seelen, denn wie ein Vogel, der eigentlich Fisch werden wollte oder wie ein Fisch, der eigentlich Vogel werden wollte, so sind die Erwartungen der jeweiligen Seele unterschiedlich verschoben und teilweise gar nicht umsetzbar. Wenn du beispielsweise eine Seele hast, die einen männlichen Körper gewählt hat, aber im letzten Moment dann doch in einen weiblichen Körper inkarnieren muss, weil ihre Kraft nicht reicht, um die Willenskraft der anderen Seele zu überstrahlen, dann wirkt diese Thematik ein Leben lang in allen Entscheidungen, in allen Prozessen, in jedem Atemzug wie eine verschobene Welt.

Hmm ... und was können wir solchen Menschen raten?

Dass sie sie selbst werden. Denn nur dann entfaltet sich die ganze Kraft in ihnen, wie sie vor dem Entschluss der Inkarnation war und dann erst kann diese Kraft wirklich leben. Alles andere vorher ist nur das unbefriedigende Suchen nach der Antwort auf die eine große Frage: Was ist hier falsch?

Und wenn dann diese Menschen sie selbst geworden sind, was ist das Geschenk des Kosmos an sie dafür?

Dass sie die Kraft leben, die sie eigentlich sind. Wenn du das Beispiel weiterführen möchtest, die Seele, die eigentlich einen

männlichen Körper wählte und dann aber in einem weiblichen Körper landete, wird diese männliche Kraft leben, wo immer sie kann und umgedreht. Dann beginnt die seelische Kraft zu fließen, sich zu entfalten, zu reinigen und all die wunderbaren kosmischen Geschenke. Sie können aber nur dann erfahren werden, wenn die Identität klar ist. Und auch, wenn dies verwirrend klingt, aber die Wahl des Geschlechts ist tatsächlich die prägendste Wahl der Form.

Du meinst, du willst damit sagen, dass sie die wichtigste Wahl ist. Ob man jetzt in einen weiblichen Körper geht oder in einen männlichen Körper, ist nun einmal essenziell und bedeutet einfach auch wirklich, ganz andere Werkzeuge mitzubekommen?

Genau. Das hast du schön gesagt.

203

Hmm ... Okay, also diesen Menschen soll man sagen: Bitte werde du selbst, wie auch immer das ist, was auch immer das bedeutet und lebe diese Kraft, die dann aus dir herausstrahlt?

Genau.

Kann man dieser Kraft, die sich über einen hinweggesetzt hat, einen Vorwurf machen? Bitte sag etwas dazu.

Das kann man. Ja, aber es bringt nichts, denn letztlich war der entscheidende Filter die eigene Kraft. Wer also selbst Kraft verloren hatte, wo auch immer, wann auch immer, wie auch immer, der ist im Prinzip Teil dieser Geschichte, weil er durch diese verringerte Kraft die Möglichkeit erschaffen hat,

dass eine andere Seele mit ihrer Kraft den eigenen Impuls überlappt. Verstehst du?

Ja, gut aber ... Ja, ich weiß, du magst nicht, wenn man sagt „ein anderer ist Schuld" oder so ...

Genau. Schuld gibt es nicht, nur unbewusstes Reagieren.

Hmm ... Okay, aber wenn jetzt diese Menschen trotzdem das Gefühl haben, dass sie eben mit dieser anderen Seele nicht ins Reine kommen, was ja verständlich wäre, was kann man ihnen mit auf den Weg geben? Kann man verzeihen, kann man Verzeihungsrituale machen? Wie genau? Was würdest du raten?

Das Wichtigste ist das Akzeptieren dieser Umstände, denn wer in Schuld und Erklärungen verloren seine Kräfte bindet, der hat sie nicht für seine Entfaltung. Dabei ist das Allerwichtigste die Akzeptanz der Ursache dieser ganzen Problematik, dass die eigene Kraft zu schwach war, um sich in diesem Moment durchzusetzen. Doch was bringt es, das als negative Tatsache zu benennen - schaut nach vorn und nehmt diese Erkenntnis als einen Aufruf an eure Seele, das Kraftpotenzial zu bereinigen und damit zu verstärken. Das ist die eigentliche Ursache und diese könnt ihr in diesem Leben alle korrigieren. Das alleine ist Hoffnung und Bereicherung zugleich.

Also du möchtest nicht, dass man sich im Zurückschauen verliert, sondern nach vorne schaut und das Beste daraus macht, richtig?

Genau.

∞

Super, das hab ich verstanden. Hmm ... aber wenn diese Menschen trotzdem den Impuls haben, dass sie irgendwelche Verzeihungsrituale oder so machen müssen?

Nein, das ist wirklich nicht nötig.

Wie meinst du das? Es gibt nichts zu verzeihen?

Nein. Die Ursache liegt in dem Kraftpotenzial der Seele, die sich nicht durchsetzen konnte gegen den Willen einer anderen. Das ist der Kern und dort soll die Aufmerksamkeit hingelenkt werden, nicht in die äußeren Formen, die Gram, Traurigkeit, Frust, Lieblosigkeit und Hass verursachen, das ist Verschwendung der Energien. Genau das Gegenteil aber sollte das Ziel sein - Aufbau der Energien, Verbreitung, Entfaltung, Vergrößerung.

Okay, gibt es noch etwas, das wir zu diesem Thema wissen müssen?

Nein.

Nein, echt?
Möchtest du noch etwas zum Abschluss sagen?

Das tue ich immer gerne, wie du weißt:
Das Leben, liebe Menschen, ist die Herausforderung all eurer Kräfte, mobilisiert sie, werdet, wer ihr seid, werdet, was ihr seid, werdet, wie ihr seid und lebt diese Kräfte ohne Gedanken an die Vergangenheit im Jetzt.

Und was ist das nächste Thema?

Das Beschreiben der Entfaltung einer Seelenkraft, wenn sie begonnen hat, die letzte Inkarnation abzulegen.

Ui, du meinst also, wenn eine Seele den Entschluss gefasst hat, nie wieder zu inkarnieren.

Alle Seelen gehen diesen Weg und er ist die Wende ihrer Kraft. Diesen Wendepunkt möchte ich beschreiben, weil er noch im Leben, aber bereits in den Übergang wirkend geschieht.

Wow. Also möchtest du damit sagen, dass diese Menschen natürlich ein anderes Leben leben als so manch anderer, aber gleichzeitig auch einen anderen Übergang erfahren werden?

Genau. Das wird das Thema.

Wow, ich freu mich schon sehr darauf.
Vielen, vielen Dank.
Liebe.

Das letzte Mal

Lieber Freund der Indianer, du hast gestern gesagt, dass du über den Zustand einer Seele sprechen möchtest, die beschlossen hat, dass sie nicht mehr wiederkommen will - das beschließt sie ja Zeit des Lebens. Bitte beginne, wie du beginnen möchtest.

Das Leben als materieller Körper ist immer auch eine sehr mühsame und anstrengende Weise zu sein. Dabei verengen sich die Seelenkräfte in eine extrem kleine Form und das Fortbewegen der Kräfte wird unbeschreiblich langsam empfunden. Daher ist das Inkarnieren zwar einerseits eine aufregende Form, um durch die Werkzeuge der Körper das Sein mit Gefühlen zu erfahren, aber andererseits ist es auch immer eine kleine Folter. Dann, wenn eine Seele das enge Gefühl nicht mehr empfinden will, aber auch dann, wenn die Kräfte so stark geworden sind - über Reinigungen und Erkenntnisse - dann beschließt sie, dass die Art und Weise der körperlichen Erfahrung keine weiteren Möglichkeiten der Entfaltung der Seele oder ihrer Reinigung bedeuten. Das Wesen dieser Seele will dann nicht mehr diese Form materieller körperlicher Werkzeuge erfahren, sondern die Weite, die Kraft und die befreite Bewegung. Wenn ein Wesen, eine Seele, dies beschließt, dann werden unterschiedliche Kräfte aktiv. Diese Kräfte leiten dann das Ablösen dieser Seele so ein, dass dabei keine Komplikationen oder Verunreinigungen geschehen. Das bedeutet ganz konkret, dass mehrere Komponenten durch diesen Impuls das beginnende Lösen begleiten. Dazu leiten verschie-

dene außergewöhnliche Kräfte das Ablösen schon so früh ein, dass die alltäglichen Kommunikationen mit Menschen eine mögliche Komplikation verhindern. Ich möchte damit sagen, dass die beginnende Ablösung ab diesem Entschluss eine völlig andere Art des Seins einläutet. Dann, wenn eine Seele diesen tiefen Entschluss gefasst hat, wirken andere Kräfte, als wenn sie das noch nicht hat.

Okay, aber kannst du mir jetzt konkret beschreiben, was genau das für den Übergang bedeutet?

Das bedeutet, dass diese belebte Form anders als normal die Seele erfährt. Dann, wenn eine Seele diesen Entschluss gefasst hat, werden die Energien in eine Art Ablösungsmodus gebracht, ohne dass die Ablösung schon wirklich aktiv beginnt. Das ist eine Frage der Bereitschaft. Die Seele tritt also in Bereitschaft, diesen Körper zu verlassen und nie wieder in einen Körper zu treten. Das bedeutet, dass eine ganz andere Art der Ablösung von körperlichen Aspekten geschieht. Die Bewusstwerdung dieses Prozesses bedeutet auch schon eine Phase dieser Ablösung. Doch um deine Frage konkret zu beantworten: Dann, wenn diese Seelen diese Ablösung tatsächlich beginnen, dann werden Verbindungen in die kosmischen Welten weit stärker als normal, denn es ist wie, als würde das Bereit-Sein für die letzte Ablösung, das Heben der Energien gleichzeitig verursachen. Das bedeutet konkret, dass eine Seele, die diesen Entschluss gefasst hat und ihn mit Weisheit, Bewusstheit, Liebe und in Achtsamkeit und Respekt dem eigentlichen Sinn des Lebens gegenüber gefasst hat, dass diese Art der Erkenntnis gleichzeitig eine weitere Erhebung bedeu-

tet. Daher wird die Ablösung dieses Körpers als Verabschiedung von dieser Art des Lebens auch als letzter Wille bezeichnet.

Aber wieso letzter Wille? Wir haben doch, ich meine die Seele hat ja weiterhin ihre Willenskraft und wird sich weiter auch mit Willen fortbewegen - wieso also wird das als letzter Wille bezeichnet?

Es wird im Kosmos so bezeichnet, weil dieser letzte Wille die Eingangsprüfung in die kosmische Form des Seins bedeutet. Das ist natürlich nicht der letzte Wille einer Seele, aber es ist der letzte Wille einer Seele in einem Körper!

Verstehe, gut. Okay, und was ist jetzt so besonders, wenn dann diese Ablösung geschieht?

Das Besondere ist dann, dass das Wesen durch diese Bereitschaft so verbunden ablöst, dass eine ganz andere Wahrnehmung in diesem Übergang geschieht. Meist erfahren diese Seelen die hellere Wahrnehmung sofort nach dem Austreten aus den menschlichen Werkzeugen der Wahrnehmung. Das hattest du bei der Beschreibung meines Übergangs gut erfahren. So ergeht es dann den Seelen. Sie sehen die feinstofflichen Welten sofort in ihrer vollen Kraft.

Kann man jetzt nicht einfach sagen: Ich bin bereit, ich will das letzte Mal hier sein - und dann damit rechnen, dass es deswegen in eine andere schönere Wahrnehmung geht, als wenn jemand einfach nur normal stirbt, ohne diese Bereitschaft?

Genau. Danke dir für diese Frage, denn diese Differenzierung ist sehr wichtig. Die Bereitschaft besteht ja nicht nur in dem geistigen Entschluss des Menschen, sie besteht in der Seele. Und dies ist keine Sache, die nur kurz beschlossen wird, sondern sie reift in dieser Seele und dieser Reifeprozess ist manchmal Äonen lang. Doch unabhängig von der Zeit, ist die Kraft dahinter der entscheidende Impuls. Solch einen Entschluss im Geiste zu fassen bedeutet gar nichts. Die Seele aber, wenn dies in ihr gereift beschlossen wird, hat die Kraft eines Atomwerks, um euch ein Gefühl für die wirkliche Willenskraft dahinter zu geben.

Alles klar, und was ist mit Menschen, die es nicht aushalten bis zum Ende ihres Lebens, sondern nach diesem Beschluss Selbstmord begehen?

Das ist keine Ablösung, wie ich sie hier beschreibe. Denn wer bewusst, liebevoll, kraftvoll und weise diese Entscheidung trifft, der kann gleichzeitig bewusst nicht diesen Prozess beschleunigen. Er weiß, er fühlt, dass die Ablösung wie ein Prozess der Jahreszeiten in ihm reifen muss und eine kurzfristige Beschleunigung dieser Ablösung nicht der richtige Weg wäre. Das kosmische Rad bedingt die jeweiligen Bewegungen und deren Geschwindigkeit. Vor allem, wenn Seelen inkarniert sind. Damit möchte ich sagen, dass ihr in jedem Fall den Gesetzen der Natur des Planeten wie aber auch den Gesetzen des Kosmos folgen müsst. Eine Unterbrechung dieses Kreislaufs würde euch um einiges zurückwerfen.

Verstanden, das heißt, wenn der Beschluss gefasst ist, beginnt die

∞

Seele einen gewissen Prozess zu erfahren, und diesen kann man nicht beschleunigen oder unterbrechen, sondern man muss ihn so leben, wie er geht, und wenn es noch achtzig Jahre sind, die man als Mensch erleben muss. Dann ist das dieser Prozess.

Genau, Liebes. Das ist der Schlüssel. Das Eingreifen in diesen Prozess ist verheerend für diese Seele und würde am Ende das Gegenteil von dem verursachen, was sie eigentlich möchte. Daher nehmt die Lebenszeit, die euch noch bleibt als besondere Zeit wahr, in der ihr das Verarbeiten und Reflektieren der einwirkenden Kräfte anders aber bewusst, liebevoll aber wissend erfahrt.

Das heißt also, wenn dann die Wahrnehmung gleich so rein ist und so hell, dass man zum Beispiel auch euch oder eben andere Wesen so sehr hell wahrnimmt, dann ist dieser Übergang ein relativ schöner, ein relativ schneller und leichter, richtig?

Das ist richtig.

Mhm, verstehe. Gab es eigentlich jemals Seelen, die sich dann umentschieden haben und doch wieder zurückwollten?

Nein, nicht dass ich wüsste. Aber ich kenne natürlich nicht alle Seelen.

(Lacht) Ja, ich weiß, aber jetzt mal von deiner Kenntnis her - wäre das möglich?
das möglich?

Das kann ich mir nicht vorstellen, denn die Kraft ist dann so

groß, dass die Wahrnehmung und damit auch die weiteren Impulse aus dieser Seele heraus gar nicht die Inkarnation als das richtige Werkzeug mehr erfahren wollen, verstehst du?

Ja, ich verstehe schon, dann ist es so gesehen klar, dass man dort alles an Erfahrungen mitgenommen hat und jetzt die anderen Formen, die feinstoffliche Form als die nächste Form der Erfahrung erleben will und man schaut nicht zurück.

Genau.

Hmm, okay. Gibt es denn Seelen, die diesen Beschluss fassen noch bevor sie inkarnieren?

Nein. Dieser Beschluss kann erst in dem Körper reifen und nicht davor.

Ach, das heißt, es gibt für jede Seele irgendwann einmal ein Leben mit diesem Moment der Erkenntnis?

Ja.

Wow, spannend ... das heißt, diesen Entschluss vor einem Leben zu fassen gibt es nicht?

Nein.

Mhm ... Möchtest du noch etwas dazu sagen, ein Abschlusswort vielleicht?

∞

Gerne.

Das Leben wird das Wachstum in euch so fördern, dass ihr eines Tages das Gefühl in euch tragt, dass Weite, Liebe, Kraft, Unendlichkeit und Verbundenheit eure neue Form sein sollen.

Dann bedankt euch für diese Reise, lebt in bedachter Dankbarkeit den Momenten dieses Körpers und nehmt Abschied für immer.

Ich danke dir vielmals, lieber Freund der Indianer. Vielen Dank. Und was wird nun unser Thema morgen sein?

Das nächste Thema werden die verschiedenen Kräfte des Kosmos sein, wenn ein Mensch das Leben verkürzt.

Du meinst, wenn er Selbstmord begeht?

Ja.

Okay, danke dir vielmals. Liebe.

Selbstmord

Wir sind in Verbindung mit Freund der Indianer und wir wollen über das Thema Selbstmord mehr erfahren aus feinstofflicher Sicht. Geliebter Freund, bitte beginne, wie immer du beginnen möchtest.

Das Thema ist ein sehr wichtiges Kapitel, denn wo Verzweiflung und Traurigkeit herrschen, dort herrschen auch die Gedanken um dieses Thema. Daher ist es essenziell, dass wir hier genau beschreiben, welche Prozesse die Seele in einem solchen Fall durchläuft.

Bitte beginne.

Das menschliche Empfinden der Lebensaufgaben ist oftmals überhaupt nicht in Kommunikation und Harmonie mit dem Empfinden der Seele. Das bedeutet, dass eine Seele vielleicht das Leben mit all seinen Farben erfahren will, der Mensch aber müde und traurig, abgekämpft und lebensmüde diese Kraft nicht mehr empfindet.

Aber wie kann das sein? Ich dachte, die Seele strahlt durch jede Zelle hindurch und wenn die Seele doch so unbedingt leben will, wie kann es dann sein, dass der Mensch so anders empfindet, sie so gar nicht hört?

Das ist die Frage der Ausprägung des Egos. Dort wo viel Seelenkraft das Leben des Menschen lenkt, strahlen ihre Impulse.

Dort wo das Ego eine große Kraft entwickelt hat, strahlen die Impulse und Willenskräfte dieses Egos. Doch letztlich ist das Ego der vergängliche Part in euch. Daher wirken diese Kräfte nur wie ein Tageskleid, aber nicht wie das Kleid der Seele, das die Ewigkeit in sich trägt.

Bitte berichte weiter.

Das Wesen des Menschen bereitet der Seele eine körperliche Komponente - das Ego - und eine geistige spirituelle Komponente - die Verbindungskraft in die Quelle. Diese beiden Komponenten wirken wie Teufelchen und Engelchen (das sagt ihr doch so), daher müsst ihr wirklich wachsam sein, wer in eurem Leben die Impulse gibt. Dort, wo Liebe und Bedeutsamkeit der inneren Werte leben, dort strahlt die Seelenkraft. Dort wo Ego, Geld, Macht und kaltherzige Impulse leben, dort regiert das Ego. Dieses Ego - diese Kraft, die ausschließlich aus körperlichen Empfindungen erfahren wird, diese Kraft wirkt also mehr und mehr, wenn der Mensch die Verbindung in die Quelle nicht bewusst erfährt. Das bedeutet, dass die Entscheidungen, die Wahrnehmungen, die Sorgen, die Ängste, die körperlichen Impulse alle ungelenkt und ungebremst ausschließlich von körperlichen Impulsen geformt werden. Das bedeutet, dass die seelischen Impulse weniger und weniger leben können. Dazu haben wir schon in dem anderen Buch einige Impulse gegeben.

Denn nun beginnt die Thematik, dass diese Empfindung als menschlicher Körper und nicht die Empfindung als Seele, die Entscheidung trifft, nicht länger am Leben zu bleiben. Diese Entscheidung aber kann weit von dem eigentlichen Impuls

215

der Seele getroffen werden. Das bedeutet, dass das Ego sich weit über die Seele setzt und dabei dem Klang der Seele nicht mehr lauscht.

Das Ergebnis sind Menschen, die gegen die Kräfte des Kosmos überhandnehmend diese Entscheidung ohne Abstimmung mit den kosmischen Gesetzen und den kosmischen Harmonien treffen.

Gibt es denn überhaupt die Möglichkeit, dass man sich darauf einstellt, abstimmt, vorbereitet?

Nein. Wer diese Entscheidung trifft, der ist in jedem Fall durch den Eingriff in die kosmischen Abläufe in Gefahr, weit tiefer als euch jemals bewusst werden kann, Impulse der Resonanz zu erschaffen.

Aber ich dachte, man kann sich vielleicht irgendwie darauf vorbereiten?

Nein. Das Beenden des Lebens, aufgrund der Entscheidung eines Impulses aus dem Ego, kann nicht in Abstimmung mit dem Kosmos geschehen, denn dieser erlaubt, dass die Seele inkarniert, aber er fordert auch, dass die Belebung dieses Körpers nicht von alleine beendet wird, sondern im Lauf der Natur und damit in Abstimmung und Harmonie mit den kosmischen und natürlichen Gesetzen endet.

Kann man den Menschen helfen, bei denen man befürchtet, dass sie gefährdet sind - also noch VOR der Tat ... oder kann man in den freien Willen des Menschen nicht eingreifen?

∞

Die Frage ist schwer zu beantworten, weil die Ursachen der Entscheidung einer Seele zu solch einem Handeln bereits eine Vielzahl an Lösungen bereithalten, aber die Menschen oftmals, durch die Überschattung der Seelenimpulse mit dem Ego, diese Lösungswege nicht wahrnehmen. Die Antwort auf deine Frage lautet daher vor allem, Eigenverantwortung üben und die Liebe, wie auch die Freude diesem Menschen vermitteln, ist alles was ihr tun könnt.

Die beginnende Verabschiedung eines Menschen vom Leben kann ein langer Weg der Erkenntnis bedeuten, welche Lösungsansätze es gibt, aber er kann auch schon unabhängig von all den Impulsen die man diesen Menschen geben möchte, längst beschlossen und eingeleitet sein. Der freie Wille wirkt letztlich über allem.

Du möchtest damit sagen, dass man nichts tun kann, wenn der feste Entschluss tatsächlich gefasst ist, richtig ?

Ja.

Also kann man „nur" versuchen, den betroffenen Menschen freudige Impulse zu geben, liebevoll gegenüber zu treten und vielleicht auch durch solche Werke wie dieses hier, ihnen die Eigenverantwortung bewusster machen, richtig ?

Genau.

Okay, dann lass uns weitergehen. Was passiert, wenn so ein Mensch seinem Leben ein Ende setzt?

Das Wirken der Kräfte im Moment des Todes, des Übergangs durch die kosmischen Verbindungen wird deutlicher. Das bedeutet, dass die Kraft der Seele im Moment dieses Übergangs stärker und stärker strahlt. Und was meinst du, was dann beginnt?

Also wenn ich jetzt logisch denke, weiß die Seele, dass sie dieses kosmische Gesetz nicht brechen darf. Das Ego tut es aber. Die Seele will vielleicht sogar leben, Spaß haben und Freude erleben, aber das Ego durchbricht das. Jetzt wird im Übergang die Seelenkraft, die ja leben will, stärker und realisiert, dass sie aber aus dem Körper gehen MUSS. Lass mich überlegen ... Ich glaube ... ich weiß nicht - wird sie sehr traurig?

Genau. Das ist die Essenz. Die Seelen werden sehr traurig, denn wenn sie einerseits leben wollen, aber andererseits aus der Form geholt werden, genommen werden oder gar geschleudert werden im schlechtesten Fall, dann realisieren sie im Übergang, dass diese Möglichkeit nun beendet wurde.

Ein Wissenschaftler würde jetzt fragen: Wie kann eine Seele traurig werden?

*Das kann ich verstehen, aber die Logik eurer Wissenschaftler möchte ich gar nicht erst beginnen zu betreten. **Die Seelen empfinden und ja, sie empfinden auch Traurigkeit.** Belasse es dabei oder schließe dieses Buch, wenn du ein Mensch bist, der diese Frage allen Ernstes stellt.*

Ja, ich mein' ja nur ... Okay, also die Seele wird jetzt traurig in diesem Übergang. Was bedeutet das genau? Wie ist die Wahrnehmung?

Du hast die Frage richtig korrigiert. Denn, was bedeutet die Wahrnehmung der Seele? - Sie bedeutet, sie nimmt verunreinigt wahr und dadurch vermehrt dunkel oder leicht getrübt und im schlechtesten Fall auch einsam und alleine. Die anderen Wesen im Kosmos werden nicht wahrgenommen, da die Wahrnehmung getrübt ist von der Traurigkeit dieser Seele.

Wie geht es dann weiter für solch eine Seele? Sie ist dann sehr traurig und findet das sehr schade, dass es so abgelaufen ist - aber wie geht es dann weiter?

Diese Seelen werden oft so traurig, weil sie die verpassten Chancen, diese Verbindungslosigkeit nicht wieder korrigiert zu haben, nicht mehr als Mensch korrigieren können, dass sie versuchen, bald wieder zu inkarnieren. Das bedeutet aber vor allem, dass diese Seelen, die aber verwirrt und aus ihrer alles verbindenden Kraft gefallen sind, nun vielleicht zu wenig Kraft haben, um zu inkarnieren!

Ach du meine Güte, aber kann das sein, dass eine Seele so viel Kraft verliert, dass sie nicht einmal mehr inkarnieren kann?

Ja.

Was passiert denn dann?

Dann muss sie als Kraft im Körper eines Tieres versuchen zu wachsen.

Ach du meine Güte. Okay, und wie kann man im Körper eines Tieres wieder wachsen? Entschuldige, das ist jetzt gerade ein bisschen ein anderes Thema, aber trotzdem interessiert es mich.

Durch das Sein und durch die Anhäufung der Wahrnehmung der Seele, verstehst du?

Ja, ich weiß, du meinst, dass man wieder mit der Seele mehr in Kontakt kommt, über das im Tier-Sein, das ja wiederum kein Ego besitzt, richtig?

Ja, genau. Dies ist die Chance dieser Seele aus dem Kreislauf des Egos, das die Seele nicht hört und versteht, heraus in die Impulse des Tierischen hinein, aber die seelische Kraft dabei stärkend.

Interessant. Okay. Gut, dann sind sie ein Tier und können natürlich keinen Selbstmord begehen. Wenn sie dann sterben, sind sie vielleicht wieder gestärkt und dann können sie auch irgendwann mal wieder als Mensch inkarnieren.

Genau.

Gibt es da eine Gefahr für diese Seelen, wenn sie einmal Selbstmord gemacht haben, dass sie die Schwingung dieser Erfahrung immer wie eine Prägung in sich tragen?

Nein. Durch die Verstärkung der Seelenkraft über das tierische Sein in Körpern, die groß genug sind Seelen aufzunehmen, dadurch heilen diese Seelen und gleichen dieses energe-

tische Defizit wieder aus.

Okay, das hab ich verstanden. Wenn solche Seelen also über den Selbstmord in der Zwischenwelt hängen, wird dennoch diese Inkarnation durch ihre eigenen Impulse gelenkt, richtig?

Ja.

Also sie werden dann ein Tier, nur wenn sie das wirklich wollen?

Genau.

Kann man diesen Menschen irgendwie helfen? Kann man ihnen zusprechen? Kann man beten? Was kann man machen?

Das kann man.

Und wie?

Durch beten. Wenn ihr in eurem Freundeskreis diese Erfahrung macht, dass ein Mensch durch die Kraft seines freien Willens dem Leben ein Ende bereitet, dann betet für ihn:
„Du liebevolle Seele, du liebevolles Wesen, das du bist und das du immer warst, weit entfernt von dem Impuls, den du gerade durch deine Entscheidung vollstreckt hast, werde wieder ganz, lebe in Freude, wo immer du bist, liebe dich, liebe die kosmischen Kräfte und verbinde dich mit der Kraft der Quelle.
Sei bereit für die lichtvollen Impulse, die ich dir nun schicke, und verbinde dich mit ihnen. Weiter noch als du es

glaubst, werden sie dich tragen, weit in die lichtvollen Ebenen hinein.
Dort wo Freude, Kraft, Liebe und Frieden das Sein bestimmen.
Danke.
Liebe. "

Was passiert über diese Worte?

Dadurch werden die Kräfte dieser Worte in Impulse umgewandelt, die diese Seele erreichen und verbinden können mit diesen positiven Kräften des Kosmos. Dabei kann dies wie eine Energiedusche wirken und die betroffene Seele tatsächlich erheben.

Wow, und wie oft soll man das sprechen?

So oft man kann, in den Tagen nach diesem Übergang.

Also, wenn der Mensch das Leben selbst beendet, dann ist das doch meistens ein Schleudern aus dem Körper heraus, oder?

Nein, je nachdem.

Verstehe, okay. Soll man dann mit diesen Gebeten gleich am Tag danach beginnen oder erst nach den sieben Tagen?

Direkt danach, denn die Seele braucht die Kraft sofort.

Okay, das hab ich verstanden. Gibt es dazu noch etwas zu sagen?

Wer möchte, kann dazu die Kräfte des Kosmos zu Hilfe rufen. Also nicht nur alleine für den Verstorbenen beten, sondern tatsächlich auch andere Kräfte hinzurufen.

Ach, wen denn?

(Lacht) Du bist lustig.

Ja, ich mein ja nur, für die Leser des Buches, bitte lass es uns genau festhalten, wen sie zu Hilfe rufen können!

Das Erste, was ihr rufen könnt, sind die Engel.
Sie helfen, wo immer ihr sie braucht, also können sie auch in diesem Fall helfen.
Alle anderen Kräfte sind die, mit denen ihr in starker Resonanz seid. Also, der eine mag vielleicht Maria zu Hilfe rufen, dann soll er Marias Kraft rufen. Der andere vielleicht Jesus oder welche Namen auch immer es sind, ihr geht mit ihnen in Resonanz und dies ist der ausschlaggebende Impuls.
Dort beginnt die Verbindung, die diese Kraftübertragung erschafft.

Moment, da muss ich kurz nachhaken. Du redest von einer Kraftübertragung. Heißt das also, dass man über die Hilferufe eines anderen Wesens eine Art Verstärkung erhält, weil es eine Art Transmitter - ein Verstärker - ist, der den eigenen Impuls so sehr weitergibt, dass er für die andere Seele noch deutlicher wird?

Das kann man so sagen, es ist nicht direkt so aber ja, um das

*Verständnis in euren Worten zu verbessern, dann kann diese Anrufung wie ein Verstärker wirken. Aber effektiv ist es so, dass diese Kräfte allesamt ihre eigenen Kräfte haben und du diese Kräfte anrufst und bittest, ihre Kräfte zu geben, **also wird nicht dein Impuls gestärkt, sondern du rufst deren Kraft und bittest um Verteilung.***

Ah ... okay. Gut, aber es forciert eine Verstärkung?

Genau.

Und warum ist es egal, wen wir anrufen, um um derartige Hilfe zu Bitten ?

Die Verbindung aufnehmen in die lichtvollen Ebenen des Seins hat viele Namen. Einzig und allein die Kraft der Liebe in euch bewegt euch in die Ebenen hinein, und zu den Wesenheiten die euch dabei helfen können. Also ist die Verbindung in diese weisen Ebenen des Kosmos unabhängig von dem Namen, dem ihr der Kraft gebt, die ihr um Hilfe bittet. Doch letztlich helfen diejenigen die euch erhören. Und das können die kosmischen Wesenheiten immer nur in Resonanz zu eurer Seelenkraft. Wer also kraftvoll, stark und bewusst in seiner Liebesenergie lebt, der wird von den oberen (Anm. der Vermittlerin: höherschwingenden) Ebenen des Kosmos erhört. Wer noch verunreinigt und vom Ego bestimmt diese Kräfte anruft, wird andere Resonanzen erzeugen aber in jedem Fall wird ihm geholfen werden, solange die Bitten in Liebe, Respekt, Bereitschaft und Hingabe geschehen.

∞

Wir können das Kapitel also beenden? Möchtest du zum Abschluss noch etwas sagen? Ich kenn dich doch, bitte.

Das Leben, liebe Menschen, ist das kostbarste Geschenk, das der Kosmos an euch alle macht.
Lebt es, schätzt es, wertet es als dieses kostbare Geschenk und dann, wenn die traurigen Gedanken die Kräfte in euch so lenken wollen, dass ihr diesem kostbaren Geschenk ein Ende bereiten wollt, dann beginnt, freudige Gedanken in euch zu holen, wo und wie auch immer. Denn sie bewahren euch vor einer langen Reise der Kraftlosigkeit und davor möchte ich euch hier, jetzt und heute bewahren.

Aber was ist, wenn ein Mensch wirklich schlimm leidet? Also, wir haben ja gerade sehr „wunderbare" Wesen auf diesem Planeten, die zum Beispiel Frauen jeden Tag mehrfach vergewaltigen, sie verstümmeln, das Leben wirklich unwürdig machen… Kann man denn nicht als kosmisches Wesen nachvollziehen, dass Menschen in derartigen Prozessen das Leben beenden wollen?

Ja, natürlich, aber die Lösung darf nicht sein, dass ihr diesem Leben auf eigene Faust ein Ende bereitet. Entweder die Qual ist so stark, dass der Körper selbst aufgibt oder die Verletzungen werden so stark, dass der Körper selbst aufgibt, aber niemals darf der Kreislauf des Lebens von euch selbst unterbrochen werden. Egal wie traurig und ausweglos die Situation des Momentes scheint.

Aber was ist zum Beispiel mit Menschen, die alt sind und wirklich nur noch vor sich hinsiechen und die dann diese Suizid-Tabletten nehmen?

Keine Antwort? Okay, du willst wahrscheinlich sagen, dass das das Gleiche ist. Der Prozess, die Botschaft ist deutlich und der Prozess ist immer der gleiche, gell?

Ja.

Verstehe. Okay, das habe ich vernommen und danke dir von ganzem Herzen.

Was ist das nächste Thema?

Du beginnst das Ende dieses Buches einzuleiten, denn wir haben keine weiteren Prozesse zu beschreiben.

Okay, dann muss ich jetzt in die Fragen und Antworten gehen.

Versuche Fragen zu sammeln, die wir noch zu diesem Thema beantworten können, aber im Großen und Ganzen ist die Essenz festgehalten.

Danke, Danke, Danke. Liebe.

KOSMISCHER IMPULS

Gebet für einen Verstorbenen, der durch Selbstmord aus dem Leben gegangen ist:

„Du liebevolle Seele, du liebevolles Wesen, das du bist und das du immer warst, weit entfernt von dem Impuls, den du gerade durch deine Entscheidung vollstreckt hast, werde wieder ganz, lebe in Freude, wo immer du bist, liebe dich, liebe die kosmischen Kräfte und verbinde dich mit der Kraft der Quelle.

Sei bereit für die lichtvollen Impulse, die ich dir nun schicke, und verbinde dich mit ihnen. Weiter noch als du es glaubst, werden sie dich tragen, weit in die lichtvollen Ebenen hinein.

Dort wo Freude, Kraft, Liebe und Frieden das Sein bestimmen.

Danke.

Liebe."

Beerdigung

Lieber Freund der Indianer, ich habe mir gedacht, weil die Menschen es so mögen, wenn wir praktische Beispiele geben, was hältst du davon, wenn wir zum Thema Beerdigung noch etwas sagen? Das betrifft jeden von uns immer wieder in unserem Leben und am Ende des Tages auch uns selbst. Ich würde jetzt einfach mal ein paar Fragen stellen, die mir zu diesem Thema so einfallen - ist das in Ordnung?

Ja.

Okay. Du hattest in deinem Buch schon über die zwei verschiedenen Bestattungsformen gesprochen und dass es prinzipiell egal ist, welche man wählt. Hauptsache man hat die sieben Tage eingehalten. Diese Informationen sind im Kapitel „Übergang – Einführung" zu finden.

Gerne.

Wenn wir jetzt also davon ausgehen, dass diese sieben Tage eingehalten worden sind und wir hatten eine Feuerbestattung, muss man bezüglich der Asche irgendetwas Besonderes beachten?

Nein.

Weil?

Weil sie nichts mit der seelischen Energie, die in diesem Kör-

per war, zu tun hat.

Also kann man damit mehr oder weniger machen, was man will?

Ja.

Man kann sie in die See kippen, man kann sie zu einem Diamanten machen lassen, all diese Sachen, richtig?

Alles dies ist frei wählbar und hat keinerlei energetische Bedeutung, lediglich die Bedeutung, die ihr diesem Prozess gebt.

Ja, das ist klar, also für den einen ist der Diamant dann sehr, sehr wichtig und er trägt ihn gerne und so weiter?

Ja.

Mich interessiert noch, damit wir es den Menschen wirklich ganz nahe bringen, bei so einer Beerdigung, sei sie jetzt eine Feuer- oder eine Erdbestattung, sieben Tage nach dem eigentlichen, letzten Atemzug ... ahm ... also frühestens sieben Tage danach ... hören die Verstorbenen die gesprochenen Worte auf der Beerdigung?

Ja.

Warum ist das so?

Das ist so, weil die Verstorbenen in ihrer Aufmerksamkeit bei diesem Prozess sind.

Ja, aber das heißt ja, dass es prinzipiell, also ausschließlich vom freien Willen des Verstorbenen abhängt, ob ihn diese Resonanzen erreichen und wenn es den einen oder anderen vielleicht doch nicht interessiert, er es doch nicht hört?

Absolut richtig, Liebes. Ja.

Ah, okay, kann man das vielleicht, wenn man es lieb meint und sich vielleicht zu Lebzeiten gestritten hat, kann man das vielleicht ein bisschen beeinflussen, indem man den Verstorbenen bittet, bei dieser Zeremonie dabei zu sein oder Aufmerksamkeit, Bereitschaft zu zeigen?

Das kann man sicher bitten, aber letztlich werden die Seelen, die verstorben sind, immer selbst entscheiden, ob sie daran teilhaben möchten oder nicht.

Aber was heißt denn teilhaben? Wie muss ich mir das vorstellen? Sind sie dann vor Ort? Schweben sie neben einem, erkläre bitte, wie genau kann man sich das vorstellen?

Das ist schwer zu beschreiben, doch ich versuche es.
Das Wesen der Seele, das den Körper verlassen hat, braucht zunächst Ruhe. Diese Ruhe wird in eurer Zeitlinie mit diesen sieben Tagen gegeben. Dabei kann die Ablösung vollständig geschehen, alte Muster und Blockaden sich verwandeln und letztlich die Seele in Ruhe in den anderen Zustand übergehen.
Den Zustand ohne Körper.
Dann befindet sie sich in der kosmisch feinstofflichen Welt und wirkt dort ohne die Werkzeuge eures menschlichen Körpers.

Doch letztlich ist sie Teil des ganzen Ganzen. So wie die Fische im Meer immer Teil des ganzen Meeres sein werden. Du kennst dieses Beispiel?

Ja.

Das bedeutet, dass die Seelen nun alle immer um euch sind und doch nicht ganz, wie ihr es euch vorstellt. Das Weiten ihrer Kraft ohne Körper bedeutet, dass sie sich weit über den menschlichen Frequenzen, die mit der Natur des Planeten in Resonanz gehen, „befinden". Aber eine Örtlichkeit hier zu beschreiben ist sinnlos, denn es ist keine Örtlichkeit. Sie sind im Raum, der euch umgibt und doch ist es nicht der Raum, in dem ihr euch jetzt befindet, sondern der kosmische Raum.

Ja, okay, bitte weiter.

Dort verweilen sie und dort können sie ihre Aufmerksamkeit und ihre Bereitschaft lenken. Wenn ihr also eines Tages dann die Worte, Lieder und Gebete für sie sprecht, während des Rituals der Beerdigung, dann können sie ihre Aufmerksamkeit in diesen Prozess in diesem Moment lenken und hören und sehen auf ihre Art und Weise diesen Prozess.

Okay, also würde es doch schon helfen, wenn man den Menschen einfach kommuniziert, dass sie da sind. Ob die Seele direkt neben einem ist oder ob sie Teil des Kosmos ist und nur ihre Aufmerksamkeit auf einen lenkt, ist ja mehr oder weniger relativ nebensächlich, oder?

∞

Ja.

Gut, also sie bekommen alles mit, alles, was wir sagen, alles, was wir singen. Und wie ist das mit den Gedanken, bekommen sie auch die Gedanken der Menschen bei den Beerdigungen mit?

Nein.

Warum nicht?

Weil dies Prozesse sind, welche einer Erlaubnis bedürfen.

Ah, du meinst, nur wenn jemand erlaubt, dass die Seele die Gedanken von einem erfahren kann, darf diese Seele diese Gedanken erfahren?

Genau.

Das kann man immer so halten und man kann das natürlich auch auf einer Beerdigung?

Ja.

Ah ... Oh Gott! Ich stelle mir das heftig vor. Also, nur mal angenommen, alle geben die Erlaubnis, dann hat man doch ein riesen Kuddelmuddel an Informationen, oder?

(Lacht)

Warum lachst du?

∞

Du bist herrlich manchmal.

Krieg ich trotzdem eine Antwort?

Nein. (Lacht)

Oh schade. Es würde mich aber trotzdem interessieren, Freund der Indianer?

(Freund der Indianer lacht sich tot!)

Entschuldigung, ich hätte so gerne die Antwort auf die Frage.

Du bist unverbesserlich.
Nein, die ganzen Informationen würden die Seelen nicht über-
fordern.

Okay, aber es würde sie sicherlich traurig machen, wenn sie vielleicht die ein oder andere unschöne Information bekämen, oder?

Vielleicht.

Hmm ... sind die Seelen in diesem Moment traurig?

Hmm, ja.

Traurig, weil?

Weil sie nun die Kommunikation mit ihren Liebsten nicht mehr
so erfahren wie bisher. Das Berühren, das Besprechen, das

Teilen der Informationen ist vorerst gestört.

Ja, okay, hmm ... meine Mutter hat mir mal erzählt, als sie bei der Beerdigung von ihrer Mutter war, hatte sie das Gefühl, dass ihre Mutter sie umarmt hat. Kann so was auch passieren?

Nein, weil die Seele keine Arme hat, aber ich vermute, die Absicht der Seele, sie zu umarmen war das, was sie gespürt hat.

Ah, ach wie schön. Die Grabpflege ist ja ziemlich teuer, es gibt vielleicht einen Grabstein und das kostet alles furchtbar viel Geld. Mich hat schon immer interessiert, ob dieser Ort überhaupt der Ort ist, an dem man diese Seele antrifft?

Nein.

Hmm, das heißt, dieser ganze Aufwand ist wofür?

Weil die Menschen dies als eine Art Brücke nutzen, die sie mit dem Verstorbenen verbindet und immer, wenn sie dort vor Ort treten, beten und reden, dann möchten sie dadurch den Respekt und die Liebe, wie aber auch die Verbindung zu den Verstorbenen pflegen.

Hmm, okay, aber meine Frage war, ob das tatsächlich nur dort passiert?

Nein.

Das heißt sie könnten sich prinzipiell das ganze Geld sparen und

könnten das überall tun?

Nein.

Was ist dann die Lösung?

Sie könnten dies überall dort tun, wo sie in Stille, Ruhe und Liebe diese Verbindung herstellen können. Das kann zu Hause sein, an einem kleinen Altar, das kann in einer Kirche sein ...

Sagst du jetzt allen Ernstes - in einer Kirche?

Ja.

Aber Kirchen sind so ziemlich die verunreinigtesten Orte, die wir kennen!

Ja, aber wenn sie euch helfen, diese Verbindung herzustellen, dann sind sie dafür hilfreich.

Okay, ich will trotzdem niemanden in Kirchen treiben, insofern lassen wir mal einfach die Botschaft stehen, dass es ein stiller Ort in der Natur oder zu Hause sein kann, an dem man in sich geht und meditativ diese Verbindung herstellt und dann mit dem Verstorbenen reden kann, ja?

Ja.

Wie kann man diese Verbindung herstellen? Magst du den Menschen vielleicht einen Tipp mitgeben, wie man das tut?

Ja.

Dann bitte sprich.

Das ist relativ einfach. Ihr braucht nur formulieren:
„Ich bitte um die Verbindung mit meinem Freund, Kind, Liebsten usw."

Und das war's?

Ja.

Ach, und am Ende davon?

Wie immer, Danke und Liebe und Versiegeln.

Ach, wenn wir schon dabei sind, bitte zum Thema „Versiegeln" noch einmal ganz kurz - soll man dazu eine Wesenheit rufen?

Nein.

Sondern?

*Man bittet nur um Versiegelung: **„Ich bitte darum, wieder versiegelt zu sein."***

Vielleicht das Kreuz nach oben?

Nein.

Okay, gut. Also, jeder kann selbst entscheiden, ob er sehr viel Geld bezahlt für ein Grab und für die Grabpflege, um nur dort die Verbindung herzustellen, oder ob er einfach zu Hause oder woanders in sich geht und dann dort die Verbindung herstellt?

Ja.

Wenn man dies tut, dann bedarf es sicherlich der Bereitschaft der verstorbenen Seele, dass die Bitten erhört werden?

Ja.

Das kann man natürlich nicht wirklich beeinflussen?

Weil die Seele immer im freien Willen agiert und es sein kann, dass diese Mitteilung nicht gehört werden will.

Hmm, okay, und was ist mit den ganzen Bitten und Worten? Werden die von anderen kosmischen Wesen gehört und irgendwie umgesetzt?

Nein, wenn du die Verbindung nur mit dieser einen Seele suchst, dann werden die Bitten und Verbindungen natürlich nicht von anderen Wesen oder Seelen aufgenommen. Das ist alles sehr komplex.

Ja, ich weiß, das kann ich mir vorstellen. Dann hört einen die andere Seite eventuell einfach nicht, weil sie vielleicht nicht dazu bereit ist?

Absolut.

Hmm, okay. Das streift ein bisschen wieder dieses Thema, das wir in deinem vorherigen Werk hatten, wo es darum ging, dass man bestimmte Problematiken Zeit seines Lebens bespricht und auch löst, weil es sein kann, dass man sie danach nicht mehr lösen kann, richtig?

Ja.

Okay, lass uns zurückgehen. Finden verstorbene Seelen es traurig, wenn sie kein Grabmahl bekommen ?

Nein.

Hast du eine Statistik?

Nein.

Hmm, also ist das den Seelen relativ egal, wie sie angesprochen werden?

Ja.

Aber es gibt doch diese Märchen, oder besser gesagt, diese Geschichten, worin man sich erzählt, dass die Seelen der Verstorbenen sich alle auf den Friedhöfen befinden?

Nein.

Aber Freund der Indianer, ich hatte einmal eine total heftige Erfahrung, beziehungsweise mein Mann, der auch sehr medial begabt ist.

∞

Wir waren in England auf einem Friedhof - ich will gar nicht hindenken - der war sehr schön. Ein ganz alter, ganz, ganz alter mit einer Kirche und so weiter und so fort ... so ganz kitschig, englisch halt. Mein Mann hat dann in der folgenden Nacht wirklich heftige Begegnungen, heftige Kommunikationen gehabt. Und es war ziemlich deutlich ersichtlich, dass das von den Seelen kam, die auf diesem Friedhof waren. Was sagst du dazu?

Das waren nicht die Seelen der Verstorbenen, die auf diesem Friedhof vergraben wurden, das waren andere, die über diesen Ort die Verbindung zu ihm gefunden haben und dadurch diese Bilder und Kommunikationen entstanden.

Wie kann das sein? Was war an diesem Ort so besonders?

Verschiedene Komponenten ermöglichen die Kommunikation mit Wesen, das weißt du doch, oder?

Ja, und?

Dort war seine Seele bereit und diese Kräfte dort wirkten so, dass er diese Botschaften mitnahm.

Also die Botschaften waren, dass er unerwünscht war an diesem Ort.

Welche auch immer, doch ihr hättet euch besser versiegeln müssen.

Hmm, verstehe. Also sollte man pauschal sagen - Achtung, Achtung - versiegelt euch vor allen Friedhöfen?

Nein.

Sondern? Kann das überall passieren?

Ja.

Gibt es irgendwelche speziellen Orte, an denen das passieren kann?

Nein.

Ach, irgendwelche Wallfahrtsorte, oder so?

Nein.

Kann man einen Verstorbenen dann für den Rest seines Lebens immer wieder kontaktieren?

Ja.

Auch wenn die Seele schon wieder inkarniert ist ?

Ja, natürlich. Die Seele vermittelt sich ohne Körperwerkzeuge, daher ist es egal ob sie in einem Körper weilt oder ohne.

Ja, also man kann eigentlich die Kommunikation aufrechterhalten, indem man selber zu ihm spricht und wenn die Erlaubnis, oder besser gesagt die Bereitschaft von ihm da ist, dann bekommt man vielleicht den ein oder anderen Impuls von demjenigen, oder? Es gibt ja Menschen, die sagen, dass sie weiterhin die Präsenz des Verstorbe-

nen spüren.

Ja, absolut, dann ist Bereitschaft da und Erlaubnis natürlich.

Wenn es eine Seele gibt, die im Schockzustand aus dem Körper herausgeschleudert wurde und diese Seele sucht Hilfe, kann sie das bei den lebenden Menschen tun?

Nein. Wenn sie Hilfe suchen, dann müssen sie dies über die feinstofflichen Welten tun: Wesen der Hilfe rufen, Wesen, die ihre Kraft befreien können, bitten, und die Kräfte des Kosmos aufrufen zu helfen.

Mich würde mal interessieren, wenn zum Beispiel jemand wie der Papst stirbt, ein Mensch, der von sehr vielen Menschen betrauert wird, sehr vielen Menschen. Das kriegt der doch mit, oder?

Ja.

Und kann der dann irgendwie einfach gehen?

Ja. Das Trauern um einen Menschen hat nicht so viel mit der Befreiung der Seele zu tun.

Aha.

Sondern eher ihr reiner Zustand im Zustand des Übergangs.

Gibt es noch irgendetwas Praktisches, das die Menschen bei der Beerdigung tun können?

Nein.

Echt gar nicht? Hmm ... wenn die Aufmerksamkeit der Seele gerade bei einem ist, dann könnte man ja vielleicht noch das ein oder andere Wort an die Seele richten?

Bestimmt, aber das sind keine Rituale und auch keine Zauberformeln, die dort gesprochen werden müssen, sondern lediglich positive Gedanken oder Worte, die geteilt werden können.

Gibt es eigentlich irgendetwas an den Prozessen der Beerdigung, was die Seele blockiert in ihrer Ablösung vom Körper?

Nein.

Also alle Bestattungsformen auf dem Planeten jetzt sind noch okay? Lediglich die in Ägypten, die Einbalsamierung, war nicht okay?

Alles, wo der Körper nicht verwesen kann, ist blockierend für diesen Prozess, daher kannst du gerne vermitteln, dass frühere ägyptische Balsamierungen wie aber auch andere Menschengruppen, die Balsamierungen vollzogen, diesen Prozess wirklich erschweren. Das ist wie eine Seelen-Folter.

Also, ob man jetzt wie die Indianer den verstorbenen Körper der Luft oder der See übergibt - das ist alles egal?

Alles egal, solange die natürlichen Prozesse durchlaufen werden können und nicht eingegriffen wird, ist alles in Ordnung.

Mhm, verstehe. Du meinst also, wenn man nach den sieben Tagen eingreift, indem man den Körper verbrennt, dann ist das auch in Ordnung?

Ja.

Okay. Hmm ... gibt es irgendetwas zu beachten bei Vollmond?

Nein.

Irgendetwas bei Sonnenfinsternis?

Nein.

Eine Frage hab ich noch ... Weißt du, ob es den verstorbenen Seelen irgendwie am Herzen liegt, was mit ihrem Hab und Gut passiert?

Ja, das tut es manchmal. Je nachdem wie sehr sie damit verbunden waren. Diese Seelen, die sehr verbunden waren mit ihren materiellen Formen, diese wollen, dass sie in die richtigen Hände kommen, aber es gibt auch andere, denen diese vergangenen Formen wirklich nicht von Relevanz sind.

Ja, okay, aber prinzipiell können sie ja gar nichts mehr machen - also egal, was damit passiert, ob es jetzt den Weg geht, der gewollt ist oder der ungewollt war, prinzipiell können sie nichts mehr machen. Das ist dann vielleicht eine unnötige Erfahrung der Ohnmacht.

Ja. Daher rate ich euch, wer sehr an seinem Besitz hängt, regelt diese Dinge rechtzeitig und habt keine Scheu vor diesen

Dingen.

Kann es passieren, dass Hinterbliebene im Leben einem Menschen begegnen, von dem sie glauben ihn zu kennen, und dass es ein bekannter Verstobener und wieder inkarnierter Bekannnter/ Freund ist?

Ja, das ist durchaus möglich und sehr bewusstseinsfördernd. Wer derartige Impulse empfindet, sollte diesem Gefühl nachgehen und eigene Wege beschreiten, die Herkunft dieses Gefühles zu erforschen. Dabei kommt er seiner Seele und dem damit einhergehenden Wissen immer näher. Und findet dadurch vielleicht die Ursache für diese Verbindung.

Okay. Nun, dann würde ich jetzt sagen, beenden wir diese Session. Hast du vielleicht noch etwas?

Nein.

Gut, ich danke dir vielmals.
Danke, Danke, Danke. Liebe.

KOSMISCHER IMPULS

Kontaktaufnahme mit dem Verstorbenen:

„Ich bitte um die Verbindung mit meinem Freund, Kind, Liebsten usw."

Zum Ende der Konversation, Versiegeln.

„Ich bitte die kosmischen Kräfte um Versiegelung zum Schutz meiner Seele.

Danke. Liebe."

Fragen und Antworten

Liebes Anubis, kannst du bitte den Prozess beschreiben, der in der Pyramide abgelaufen ist?

Ja.

Wurde sie unterstützend für Übergangsprozesse benutzt oder wofür?

Eine weise Schüler- und Lehrerschaft war dafür bereit, dort die Übergänge in die unterschiedlichen Wahrnehmungen zu manifestieren. Du würdest dazu die verschiedenen Ebenen deiner Beschreibung nutzen können und durch verschiedene Prozesse, die aber nur in diesem Bauwerk möglich waren, diese Zustände erlangen. Verstehst du?

Ja. Und was war das Ziel? Wenn ich versucht habe die erste Ebene zu erfahren, die zweite Ebene zu erfahren, die dritte Ebene zu erfahren und so weiter bis in die fünfte, sechste vielleicht sogar ... Was war das Ziel?

Das Ziel war die Weitung der Seelen in die maximale Möglichkeit ihrer Form und dabei über die Bewusstwerdung dieser Möglichkeiten, die Beschleunigung dieser Seelen zu fördern. Weil durch die Weitung und Beschleunigung das Potenzial der Seelen letztlich erhöht wurde.

Verstehe, es ging also nicht nur darum, das Potenzial, welches man in

sein Leben mitbrachte, auszubauen, sondern tatsächlich auch darum, das Potenzial der Seele generell zu erhöhen ?

Ja.

Und was bedeutet das, wenn eine Seele es schafft, ihr Kraftpotenzial des Lebens nicht nur zu erreichen, sondern auch zu erweitern? Was ist das Ziel dieses Zieles?

Du beginnst damit ein neues Kapitel, Liebes. Dies ist sehr komplexes, feinstoffliches Wissen. Du solltest dazu dann ein anderes Mal die Fragen stellen.

Kannst du es mir trotzdem kurz umreißen? Ging es darum, die Seele in einen Zustand zu bringen, in dem sie gar nicht mehr inkarnieren will?

Ja.

Siehst du, das habe ich mir nämlich gedacht. Das heißt, diese Seelen, die Menschen, die diese Übungen dort gemacht haben und die ihre Seele im besten Fall in das maximalste Potenzial beschleunigt haben, haben dadurch die letzte Inkarnation eingeleitet. Das ist also die Vorstufe zum rein feinstofflichen Wirken.

Ja.

Und das war in den Pyramiden möglich. Wieso?

Durch die Bündelung der Energien, welche über die Form

dieses Bauwerkes durch die Konzentration an einem Punkt so stark war, dass sie eine konzentrierte Verbindung zwischen materieller und feinstofflicher Welt herstellte. Wer sich dort in die Bereitschaft begeben hat und die Erlaubnis hatte, der konnte über die körperlichen Aspekte hinaus das Feinstoffliche erforschen. Wie eine Seele, die eigentlich ohne Körper ist, aber dennoch im Körper bleibt. Verstehst du?

Ja. Das heißt, es war eigentlich so, als wäre man tatsächlich tot, aber man konnte doch immer wieder zurückkehren. Aber es hat sicherlich auch Gefahren in sich getragen?

Natürlich.

Darüber gibt es ja viele Geschichten, denn so mancher hat den Rückweg nicht geschafft ... Also wurde dort mehr oder weniger der Übergang aus dem Leben trainiert und das Feinstoffliche erforscht.

Ja.

Wie war das mit dem Übergang IN das Leben? Konnte man auch den Übergang in ein neues Leben erleben?

Nein.

Verstehe. Und waren diese Schüler alleine, während sie diese Übungen gemacht haben, oder waren noch andere dabei?

Das war unterschiedlich. Die einen brauchten die Unterstützung der anderen Schüler, um eine Art Schutzkreis und Kraft zu erzeugen, die die Resonanz besonders beschützte, um wieder in den Körper zu finden. Aber andere wiederum brauchten die absolute Ruhe und das Abgeschieden-Sein.

Aber es gibt in der Pyramide verschiedene Kammern. Drei soweit ich weiß, oben, in der Mitte und unten. Hat man diesen Prozess in allen Kammern geübt?

Nein.

Wo hat man ihn geübt? Wahrscheinlich nur in der großen.

Ja.

Und wozu waren die anderen dann da?

Die anderen waren vorbereitend für die Einstimmung in die unendlichen kosmischen Kräfte da. Wie eine Vorstufe in die Feinstofflichkeit. Wer die unterste besucht hat, war noch sehr mit der Erde verbunden. Wer die mittlere besucht hat, war schon sehr viel mehr mit der feinstoffliche Welt verbunden. Die obere war dann die völlige Öffnung in die feinstofflichen Welten.

Also war dies nur denen zugänglich, die diese Bewusstseinsschule auch wirklich absolviert und die Werkzeuge dazu erlernt hatten?

Ja, genau.

Und ich denke, soweit ich die kosmischen Gesetze kenne, hat das

auch wirklich nur dann funktioniert, wenn die Seele die Gesetze kannte - was es beispielsweise bedeutet, bereit zu sein, sich zu konzentrieren, oder?

Ja, genau.

An diesem Ort, von dem wir sprechen, er war in Ägypten, gab es mehrere Pyramiden an einem Ort. Ein paar kleine und ein paar große. Standen sie für die unterschiedlichen Entwicklungsstufen zur Verfügung? Man begann zuerst in den kleinen, um dann Schritt für Schritt in den größeren zu arbeiten?

Genau.

Ah, Danke.

All das war notwendig für die langsame Energieerhöhung, an die der Körper sich gewöhnen muss, verstehst du?

Ja. Das ist bestimmt eine langsame, mühsame Arbeit gewesen. Die Körperlichkeit ist sehr mühsam, sehr langsam.

Daher hat dieser Prozess auch viele Jahre gebraucht.

Kann eine Seele das einmal erreichte Bewusstsein wieder verlieren?

Nein, eigentlich nicht. Das ist genau das Potenzial, der Schlüssel der Arbeit dort in dieser Pyramide gewesen. Diese einmal errungene Bewusstheit war außer wirklich sehr verunreinigten Momenten nicht mehr reversibel.

∞

Großartig. Wie ein Diamant, der auch mal in den Schmutz fallen kann. Der Schmutz kann also abgewischt werden.

Genau, das ist ein schönes Beispiel.

Danke für diese Antwort, Anubis.
Dann habe ich eine Frage zu dem Krankheitsbild „Schielen": Mir wurde schon mehrfach gesagt, das käme von der Überspannung, das heißt, die Seele hat ja eine andere Frequenz als der Körper, und in diesem Fall ist der Unterschied so groß, sodass dadurch die Verschiebung der Muskeln geschieht. Ist das richtig ?

Ja.

Was ist die Ursache hierfür?

Du weißt die Antwort, Liebes. Die Ursache ist, dass die Seele die niedrige Schwingung des Körpers nicht ausgleichen kann. Dabei entsteht eine Spannung, die mit nichts ausgeglichen werden kann außer mit meiner Hilfe, wenn man darum bittet.

Insofern ist es ganz wichtig, dass wir den Menschen beibringen, dass es dich gibt und dass sie dich anrufen können. Denn ich glaube fest daran, dass die Information, wenn du sie einmal gegeben hast, Teil der Seele bleibt, und selbst wenn sie verschüttet ist, dennoch weiter wirkt.
Was ist mit Rückgratverkrümmungen (Skoliose)? Hat das eventuell ähnliche Ursachen in der Spannung zwischen Körper und Geist ?

Auch die Skoliose hat ihre Ursache in den unterschiedlichen

Spannungen. Wer weichere Knochen hat, der erfährt diese Problematik der hohen Frequenzunterschiede über sein Rückgrat. Wer starke Knochen hat, der wird sich mit der Problematik des Schielens auseinander setzen müssen. Alle Werkzeuge des Körpers, die nicht bewusst von euch gelenkt werden können, unterliegen derartigen Prozessen. Auch die inneren Organfunktionen. Doch das führt jetzt zu weit.

Wie kann man dann den fleischlichen Körper so gut wie möglich an eine hochschwingende Seele anpassen?

Durch die Übungen des kosmischen Kreuzes, wie ihr es nennt, aber auch durch die richtige Ernährung und die Stille eures Lebens. Wer meditiert und ruht, rastet und liebt, der hat die Werkzeuge, die dies ermöglichen, alle immer bei sich.

252

Ich habe gehört, dass die Nabelschnur nach der Geburt meist zu kurz abgetrennt wird, hat das irgendeine Bedeutung?

Nein.

Was geschieht, bzw. was ist geschehen bei einer Totgeburt?

Die Totgeburt ist entweder die Folge der Entscheidung einer Seele, doch nicht inkarnieren zu wollen aus freiem Willen oder die Abwesenheit der seelischen Energie in diesem Moment.
Wir haben gelehrt, dass die Seelen in Zyklen die Körper besuchen. Und in den letzten Momenten den Kindeskörper beseelen, aber so manche Seele entscheidet sich dann doch da-

gegen, diesen Übergang zu nehmen.

Also ist es im Großen und Ganzen immer eine Entscheidung des freien Willens, dass das nicht passiert?

Ja.

Aber kann es auch ein Defekt des Körpers sein?

Nein. Eine ausschließliche Entscheidung der Seele, wenn du nach Totgeburt fragst. Die anderen Aspekte, wenn körperliche Dinge nicht funktionieren, diese sind eine andere Thematik.

Danke für deine Genauigkeit.
Liebes Anubis, kannst du auch negative Erfahrungen aus der Vergangenheit, die einen jetzt noch belasten, balancieren?

Ja. Du kannst die negativen Resonanzen über mich balancieren, aber du kannst sie nicht ausgleichen. Das musst du selbst.

Anubis, kann man dein Anubis-Ritual mit dem kosmischen Kreuz verbinden?

Ja, natürlich.

Liebes Anubis, wir alle wissen, wie wichtig das Herz als Werkzeug für die Verbindung in den Kosmos ist. Wie ist das, wenn jemand das Herz eines anderen Menschen bekommt? Hat das irgendwelche Auswirkungen auf die Verbindung in den Kosmos?

Nein. Ein Herz bleibt ein Herz. Das ist wie ein Teil aus eurer Menschenwelt, das funktionierende Maschinen einsetzt. Ein Motor wird immer das Auto antreiben. Das ist bei dem Herz genauso.

Aber hat es nicht vielleicht eine gewisse andere Qualität der Verbindung? Also das Herz eines Menschen, der sehr verunreinigt war und sehr wenig Verbindung in den Kosmos hatte, hat vielleicht eine andere Kraft der Verbindung in den Kosmos als das von jemandem, der sehr oft und sehr viel in Verbindung gelebt hat. Ist das dann nicht anders?

Nein. Das Herz ist das Tor, aber es wird von der Seele geleitet. Die Verunreinigung des Körpers wirkt zwar auch durch dieses Organ, aber letztlich ist die Willenskraft, die Absicht der Seele sehr viel mehr wirkungsvoll als die Verunreinigung, die das Herz in sich trägt. Selbst wenn das eingepflanzte Herz sehr verunreinigte Ablagerungen in sich trägt, kann die Kraft der Seele, die Absicht dahinter, durch den freien Willen sehr schnell diese Verunreinigung wieder ausgleichen und dadurch die Verbindung in den Kosmos stärken und erreichen.

Was sagt die Seele eines Organspenders zu dieser Tat? Ist das von Bedeutung?

Nein. Auch da ist das Einsetzen des Organs als Teil zu betrachten, welches das Gesamtorgan Mensch weiterbelebt, ohne Resonanzen des Spenders.

Aber es gibt solche Geschichten, in denen der Empfänger sagt, dass

er den Spender in sich spürt. Wie ist das zu deuten?

Solche Ausführungen sind nur die Reste der Resonanzen des anderen Körpers, aber haben keine feinstoffliche Wirkung mehr!

Ja, das macht Sinn. Es ist ja aus dem einen Organismus, der in der Schwingung X war, in einen anderen Organismus mit Schwingung Y übertragen worden. Und natürlich verliert sich dann Schwingung X im Laufe der Zeit, weil im Organismus Schwingung Y wirkt und das Organ von dieser Schwingung oder Stimmung eingenommen wird.

Genau.

Wie ist das, wenn nur ein Fötus in einer Mutter existiert, gibt es da auch die Möglichkeit, dass sich für diesen einen Fötus mehrere See-len interessieren?

Nein.

Ich würde gerne mehr darüber erfahren, wenn zwei Föten zur Verfü-gung stehen, aber beide unterschiedlichen Geschlechts sind, ob die Seele, die sich einen weiblichen Körper ausgesucht hat, dann aber einen männlichen nehmen muss, weil die stärkere Seele den weib-lichen genommen hat. Das bedeutet für die Seele, das andere Ge-schlecht und damit den anderen Körper nehmen zu müssen.

Die Wahl des Geschlechts ist eine sehr wichtige Entscheidung der Seelen.
Durch derartige Prozesse kann die Seele in eine Verwirrung

geleitet werden, die ein Leben lang wirkt. Diese Kämpfe des freien Willens, wie ich sie gerne bezeichne, sind daher einmal mehr ein Aufruf, das Kraftpotenzial in der jeweiligen Seele so zu erhöhen, dass derartige Dinge nicht passieren können. Das Leben dieser Menschen muss gelebt werden und es muss mit diesen Auswirkungen gelebt werden. Das wiederum kann Chance und Krise zugleich sein. Denn wer diese Vertauschungen erfährt, wird vor Meisterprüfungen der Seele gestellt. Aber wer diese Meisterprüfungen alle weitend lebt und Ausgleich schafft, der kann umso kraftvoller aus diesem Leben steigen.

Und was ist, wenn Menschen ohne Zwillingskörperproblematik, wie bei der falschen Form, dennoch das Gefühl haben, dass sie im falschen Geschlecht geboren wurden. Hat die Seele dann auch das falsche Geschlecht gewählt oder warum ist das so?

Wenn ein Mensch das Geschlecht des Körpers nicht so mag, weil weniger Identifikation stattfindet, dann ist dies weniger etwas seelisches als eine Wahrnehmung der körperlichen Prozesse. Durch die veränderte und verunreinigte Wahrnehmung über das Egobewusstsein, verschiebt sich die Identität.
Doch die Seele ist geschlechtslos. Die Wahl des Geschlechtes ist eine Wahl die sie aus freien Stücken trifft, bevor sie inkarniert. Bis auf die Problematik die wir vorhin beschrieben haben und im Kapitel die falsche Form festgehalten haben, war und ist der Körper der bewohnt wird, immer die freie Wahl dieser Seele gewesen. Es ist immer bewusst gewählt!

Interessant wäre, noch ein bisschen detaillierter zu erfahren, wie es sich anfühlt als Mensch zu leben, wenn die Seele den Entschluss gefasst hat, nicht mehr zu inkarnieren.

Das Beantworten dieser Frage ist so vielfältig wie die Blumen eurer Welt. Das Empfinden dieses Zustands ist manchmal voller Freude, aber manchmal mit viel Traurigkeit gefärbt. Diese Balance ist die letzte Meisterprüfung dieser Seelen. Denn nur die Freude ist letztlich das, was diesen Entschluss auch wirklich ermöglicht. Das Erkennen der Umstände kann aber viel Traurigkeit hervorrufen und dann gilt es, die Freude zur ausschließlichen Religion, wie ihr sagen würdet, zu benennen. Und dann wird dieses Ziel auch erreicht. Diese Meisterprüfung ist leicht und sie ist es nicht. Wisset aber, dass die Balance dieser beiden Pole die letzte große Prüfung der Seele in einem Körper bedeutet. Das Erkennen, die bewusste Erfahrung der Prozesse des Menschseins, die Ohnmacht so vielen Dingen gegenüber, doch gleichzeitig das Wissen um die Kraft des freien Willens und die Bedeutsamkeit, die jeder einzelne Impuls in die Ewigkeit hineinwirkend haben kann ... dies alles wissend, kann jeder der Impulse, die in dieser Bereitschaft gesetzt werden, so freudvoll, so intensiv, so liebevoll und so kraftvoll wie nie zuvor wirken lassen und gleichzeitig die Zeit des Wartens verschönern.

Was ist mit den Seelen der Körper, die in „Körperwelten" plastifiziert werden? Ist das eine lebenslange Folter so wie bei der Mumifizierung?

Nein. Die Kraft der Seelen ist dort schon weitergewandelt. Diese Körperteile, die es meistens sind, werden zwar behan-

delt, aber die Seelen können gehen. Das, was du als Vergleich nennst, die Mumifizierung, war ein ganz anderer Prozess und mit viel, viel mehr Prozessen als dies in diesen Körperwelten der Fall ist, verbunden. Denn dort wurde tatsächlich auch Feinstoffliches gesprochen. Und dies hat weit eingewirkt in das Wandeln der Energie der betroffenen Seele.

Die Menschen haben eine Geschichte, die von Luzifer, dem Lichtbringer handelt. Danach soll sich der höchste Lichtengel freiwillig in die Dunkelheit begeben haben, um als Gegenpol für das Licht zu dienen, weil nur er die Kraft hatte, es so lange in der Dunkelheit auszuhalten. Kannst du bitte etwas zu dieser Geschichte sagen?

Nein. Es ist ein Menschenmärchen.

Wenn wir gerade dabei sind, Anubis, hast du eine Idee, woher das Märchen kommt?

Nein.

Die Menschen erzählen es sich halt und es wird ihnen von den Religionen auch immer wieder übermittelt. Kannst du irgendwo sehen, wo die Ursache dieses Märchens liegt?

Nein.

Ich habe von Dir einmal erfahren, es gibt kein personifiziertes Böses. Es gibt den Teufel nicht.
Es gibt lediglich die entpersonifizierte Negativität im Kosmos als Energie, welche aber letztlich nur eine Masse an geringem Kraftpo-

tential ist, und damit einhergehend ein geringes Bewusstsein und ein geringes Liebespotenzial bedeutet.

Ich glaube, dass das den einfach denkenden Menschen unmöglich ist zu begreifen, und darum haben sie Personifizierungen wie den Teufel oder Luzifer geschaffen. Da sie davon ausgegangen sind, dass Gott nur das Beste und Schönste am Anfang geschaffen hat, musste einer von dieser Gruppe abgestürzt sein. Und der wurde dann als Teufel personifiziert. Ist das vielleicht die Ursache dieses Märchens? Weil die Menschen versucht haben, dieser Energie eine Gestalt zu geben, um sie zu begreifen?

Du kannst dies gerne so in das Buch aufnehmen. Die Beschreibung war sehr richtig. Die Formulierung des „Negativen" mag ich nicht, aber sie ist verständlich. Denn letztlich besprechen wir nur den Zustand der hohen Potenziale, der Liebe und des Bewusstseins oder der weniger hohen Potenziale. Wo wenig Potenzial, wenig Kraft, also auch wenig Bewusstsein und Liebe herrschen, sind die Wahrnehmungen andere. Und ja, es wird dunkler, kälter und ängstlicher wahrgenommen. Aber letztlich ist auch dort die Liebe, das Bewusstsein und die Kraft bestehend. In dem Fall geringer, aber dennoch immer sind diese Kräfte Teil des Kosmos.

Liebes Anubis, was geschieht mit einer Seele bei einem missglückten Suizidversuch?

Nichts. Sie freut sich, dass sie weiterleben darf.

Ich weiß, weshalb die Frage geschrieben wurde, weil es oft heißt, dass man dafür bestraft wird.

∞

Nein, das sind Menschenmärchen. Egomärchen.

Gibt es eine wichtige Info für Menschen die in Leichenschauhäuser gehen müssen ?

Nein.

Wieso nicht ?

Weil man dort nur die ehemalige Hülle der Seele besucht, aber keinesfalls die Seelenkraft dort anzufinden ist.
Es ist kein Ort, der mit Seelenenergien in Resonanz geht.

Also nicht einmal versiegeln oder irgend etwas anderes Vorbeugendes?

Nein, nichts. Seelen verweilen dort nicht, weil durch die Kälte der Körper und die Umstände des Ortes dort wenig Chi vorhanden ist. Daher wollen und können sie dort nicht sein.

Verstehe. Danke.

Erlaube mir dazu noch etwas zu sagen.

Gerne.

Wann immer ihr einen Ort aufsucht, an dem ein verstorbener Körper weilt, betretet diesen bitte in Würde und Respekt.

Warum ist das so wichtig ?

∞

Der Körper war das Werkzeug der Seele für eine weite Reise aus welcher die Seele an Erfahrungen gewachsen ist .Daher beachtet bitte, dass dieses Werkzeug den Weg ermöglichte.
Dafür verdient das leblose Kleid Würde und Respekt.
Wer den Leichnam eines Menschen schändet, bricht über verschiedene Ecken,wie ihr es nennen würdet, die kosmischen Gesetze von Harmonie, Verbundenheit, Liebe und Kraft.

Es gibt in der Bibel eine Geschichte über Jesus, wonach er einen Menschen, der Lazarus hieß, vom Tode wiederauferweckt hat. Ist das nur ein Märchen oder lag dieser Mensch in einem Koma und es ist gelungen, ihn wieder aufzuwecken?

Das war die Beschreibung eines wie ihr es nennt „Komas",
die die Menschen damals nicht hatten. Der Mensch war lebendig, aber in seinem Bewusstsein nicht anwesend. Du weißt selbst, was möglich ist, wenn man kosmische Energie in einen Körper leitet. Das war der Prozess.
Durch die bewusste Einleitung der kosmischen Energie in einen anderen Körper ist es möglich, die Seele so mit der Kraft der Quelle wieder zu verbinden, dass sie so viel Kraft hat, dass sie wiederum den Körper so sehr belebt, dass dieser wieder voll in das Leben eintritt.
Dieser Prozess ist das, was dieses Buch beschreibt.

Danke. Liebe.

262

Das 1x1
der Rituale

Ein Tag der Reinigung[*]

Was möchtest du den Menschen mit auf den Weg geben, wenn sie
jetzt die ersten praktischen Tipps bekommen, um ihr Leben in ihrem
inneren Tempel zu verbringen?

*Das Wichtigste im Leben ist die Reinigung und damit die
Reinheit.*

*Der Mensch verunreinigt, wenn er inkarniert. Das bedeutet,
dass die Seele verunreinigt, wenn sie in den menschlichen
Körper inkarniert. Dieser Prozess ist wie er ist und das Ent-
schleunigen der Energie in einen langsamen Zustand hinein,
will diese Erfahrung auch machen. Daher ist die Verunreinigung nichts Negatives, sondern Teil des kosmischen Planes,
den wir hier immer wieder benennen werden.*

*Die Verunreinigung der Seele im Inkarnationsprozess bedeu-
tet, dass ihr die Impulse, die Signale und helfenden Wesen aus
dem Kosmos nicht mehr so klar wahrnehmen könnt, wie das
ohne Körper der Fall wäre. Die Kraft der Seele wird schwächer, da der Körper immer mehr und mehr Kraft braucht,
um zu wachsen und zu leben. Eure Art zu leben, verlangt das
„nach Außen gerichtet sein“, und so wird die Verbindung in
die geistigen Welten täglich schwächer und schwächer. Die
Verbindung kann soweit verunreinigen, dass der Mensch
glaubt, er sei völlig abgeschnitten von anderen und lebe nur
einmal.*

Dem ist aber nicht so, liebe Menschen.

Die Seele ist verbunden mit der kosmischen Quelle, immer da,

und die Quelle erlaubt es, die Erfahrung in einem Kokon wie dem menschlichen Körper zu erfahren.

Dennoch verlangt sie auch, dass die Verbindung zu ihr bewusst wahrgenommen wird, denn nur so ist die Liebe in dem Kokon, wie ich es gerne nenne, auch spürbar. Das eine hängt mit dem anderen zusammen.

Und bitte verstehe mich nicht falsch, der Kosmos erlaubt alle Formen des Seins, doch besteht die Verantwortung der Energien in dieser Erlaubnis, weiter, nicht negativ, in diese Form, die sie grade bewohnt und belebt, zu wirken. Die Liebe sollte unser höchstes Gut sein und weiterleben in allen Formen des Seins.

Du hast gesagt, die Quelle verlangt, dass man die Verbindung hält. Wie meinst du das?

Das meine ich natürlich nicht wie ihr „verlangen" versteht. Ich meine, es als eine Art energetisches Gesetz. Die Verbindung zur Quelle ist nötig wie ein Wasserstrahl die Blumen tränkt, so braucht ihr, eure Seele, die Kraft der Quelle. Diese kann aber nicht blühen und kraftvoll sein, wenn die volle Aufmerksamkeit auf ganz andere Dinge gerichtet ist, die körperlich und egoistisch ist. Das ist alles in Ordnung und Teil des Kosmos, dennoch bittet die Quelle, die Verbindung zu ihr zu halten, damit die Impulse, die ihr in eurem Kokon lebt, nur liebevoll und friedvoll sind.

Nun, du weißt, in welcher Zeit die Menschheit sich gerade befindet und dass es nicht so ist, dass tagtäglich jeder in jeder Sekunde seine Impulse in Liebe, Licht und Friede lebt. Vielmehr taumeln sie von einem Ort zum nächsten, von einem Zustand in den nächsten und von einem Tag in den nächsten. Was raten wir diesen Menschen? Wie kommen sie aus dieser Verunreinigung heraus?

Das ist eine schöne Frage. Denn genau das möchte ich weitergeben:

Die morgendliche Besinnung ist das Erste, was ihr bitte tut. Dabei redet mit euch selbst. Beginnt zu fühlen, wer ihr seid, was ihr wollt, wo ihr hinwollt, meditiert und visualisiert, wo ihr einmal sein wollt. Immer im Ziele der Liebe. Wer leben will ohne Sorgen, der soll dies formulieren. Wer leben will in Fülle, der soll dies formulieren. Doch all dies sollte formuliert sein in Liebe.

Also meinst du, am Morgen sollen die Menschen beten. Gibt es jemanden, den sie anrufen sollen bei diesem Gebet?

*Das ist nicht wichtig, wen sie anbeten. Es ist wichtig, welche Ziele sie haben. **Es ist das Ziel, das entscheidet, wohin du deine Taten und Entscheidungen lenkst, egal wen du anrufst.***

Die Bitte wird im Kosmos erhört, wo auch immer man ist, wo auch immer man sich befindet und egal, vor welcher Statue oder vor welchem Symbol man kniet, während man diese Ziele bittend formuliert.

Das ist also nicht an eine Form gebunden, nur das Ziel zählt.

Ich habe verstanden. Möchtest du den Menschen, wenn sie beten, noch eine andere Übung mitgeben?

Ja, noch viele.
***Die nächste Übung, die die Menschen am Morgen tun soll-
ten, ist das Dreieck.*** *Die Verbindung der beiden Arme mit dem
Kosmos. Fühlt wie die Kraft aus euren Händen fließt und der
Kosmos diese Kraft erwidert und speist. Die dritte Kraft ist
der Kosmos. Die beiden Arme bilden jeweils den Anker in eine
Kraft. Die Kraft von rechts und die Kraft von links.*

Was passiert, wenn man das tut?

*Dabei beginnt der Körper sich zu weiten und die Ausrichtung
der Seele weiter und liebevoller zu werden, da die Wahrnehmung nicht mehr auf das rein Körperliche gelenkt wird, sondern beginnt, den Kosmos zu erfühlen.*

Gut und während sie das tun, sollen sie dabei nicht doch jemanden
anrufen? Es hilft den Menschen, wenn sie sich konkret an jemanden
wenden, vielleicht eine Energie personifiziert anrufen.

Das ist nicht nötig, doch ich verstehe deine Frage.
*Diejenigen unter euch, die glauben, dass Figuren nötig sind,
um die Verbindung zu fühlen, diejenigen können versuchen,
den Kosmos zu fühlen. Die Weite, seine Größe, die Liebe und
die Kraft in ihm als Ganzes fühlen. Es ist nicht leicht, doch ist
es leicht. Es ist eine Frage der Erwartungshaltung. Wer nicht
erwartet, dass er nun eine Energie fühlt, die greifbar, personifiziert, ansprechbar ist, der ist in der Anrufung des Kosmos
besser als derjenige, der eine mit menschlichen Geist verständliche Form erwartet.*

∞

Was ist mit denjenigen, die bereits eine Form anbeten? Es gibt alle
möglichen Gläubigen, wie zum Beispiel die Christen, aber auch andere Religionen … sollen die nicht vielleicht einfach ihren Gott anrufen?

*Das können sie, solange dieser Gott das ist, was sie als ihre
liebevolle, höhere Instanz erkennen und akzeptieren, dann ist
es egal, wie der Name dieser Energie ist.*

Okay, verstehe. Also wir fassen zusammen: Man stelle sich hin, nicht
hinlegen.

Ja.

Mit beiden Füßen wahrscheinlich auf den Boden. Also ohne Schuhe,
richtig?

Das muss nicht unbedingt sein, doch ist es förderlich.

Dann hebe man beide Arme zur Seite, richtig?

*Das ist relativ egal. Die beiden Arme können auch nach oben
gestreckt werden oder direkt vor das Herz. Die Frage ist
nicht, wo die Arme sind, die Frage ist nur, was ihr empfindet,
während ihr das tut, was ihr tut.*

Ich stelle mir vor … ich nehme die Arme zur Seite, zu einem Kreuz
und versuche mit meinen Handflächen den Kosmos zu empfinden,
den Geist in den Kosmos zu richten und beginne währenddessen,
meine Bitten in den Kosmos zu formulieren.

$$\infty$$

Das ist richtig. Die meisten Menschen nehmen dazu ihre Hände zusammen, um zu beten, doch ist die Handfläche geöffnet, ist es leichter zu empfinden.

Wenn sie dann so stehen und beten, was gibt es als Nächstes zu beachten?

Der Kosmos hört alles, deswegen ist es wichtig, dass ihr die Worte, die ihr formt, liebevoll und lichtvoll formt. Die Resonanzen auf diese Worte beginnen nämlich sofort im Kosmos zu wirken.

Und dann?

Und dann, wenn ihr fertig seid, beendet die Kommunikation mit einem „Danke".

Und dann? Kommt dann noch etwas? Es gibt Menschen, die wollen dann bestimmt Amen sagen.

Das ist relativ egal, denn die Absicht dahinter ist wichtig. Ein Abschluss muss geschaffen werden, damit alle Energien beginnen können zu fließen.

Verstehe.

Der liebevollste und kraftvollste Impuls ist, wenn man „Danke" sagt und „Liebe" zugleich.

Also meinst du, man soll „Danke - Liebe" oder „Liebe - Danke"

269

sagen …?

„ Danke. – Liebe. "

Okay verstehe. Wie würdest du den Menschen bitten weiterzugehen?

Der nächste Schritt ist das kosmisches Kreuz. *Dazu bitte bleibt stehen die Arme seitwärts am Körper hängend, die Handfläche nach OBEN öffnen, als würde man den Boden mit dem Handrücken berühren wollen.*
Sprecht folgende Worte:

„Ich bitte um die Verbindung mit der kosmischen Kraft von oben. "
Energie von oben fließt durch dein Kronenchakra in den Kör-per und erschafft das Gefühl einer Energiesäule. Mehr und mehr entsteht dabei ein Gefühl, als würde man von Kopf bis Fuß und noch tief in die Erde hinein Wurzeln unter seinen Füßen bekommen . Dieses Gefühl stabilisiert sich .
Dann beginnt die Energie durch den Menschen noch stärker zu fließen, da die Bitte wirkt.
Nun die Arme seitwärts am Körper hängend belassen und die Handfläche nach UNTEN öffnen als würdest du nun mit der Handfläche den Boden berühren .
Sprich folgende Worte:
„Ich bitte um die Verbindung mit der kosmischen Kraft von unten. "
Dabei greifst Du das Gefühl der Verwurzelung deiner Füße auf und fühlst nun wie die Energie über diese tiefen Wurzeln durch deine Beine immer weiter der Energiesäule in dir ent-

lang fließen. Sie treffen sich im Herz, wo die Energie von oben bereits geflossen ist.

Die Arme nun waagerecht wie die Schwingen eines Adlers im Flug ausbreiten. Die linke Handfläche nach oben drehen und sprechen.

„Ich bitte um die Verbindung mit der kosmischen Kraft von links."

Fühlt wie die Energie von links in Richtung eures Herzens fließt. Ist diese Kraft im Herzen dann spürbar, weiter:

„Ich bitte um die Verbindung mit der kosmischen Kraft von rechts."

Alle diese Kräfte fließen nun im Herzen zusammen, dort, wo das Verbindungstor in die Seele ist.

Dann atmet der Körper meist tiefer, weil er die Kraft der Seele beginnt noch deutlicher zu spüren. Die Aufmerksamkeit ist nun im Herz und dort kann diese Kraft noch etwas nachempfunden werden. **Die Menschen, die ihre Herzenswünsche noch etwas formulieren möchten, können nun die Hände langsam zusammenfalten vor ihrem Herz und weitere Gebete sprechen.** *Diese Worte werden nun mit dieser zentrierten Energie noch kraftvoller in den Kosmos gegeben.*

Das Gebet abschließen mit DANKE. LIEBE.

Ich bitte um Schutz und Versiegelung für den Tag.

„Danke.– Liebe."

Dann haben die Menschen also gebetet und die Zentrierung erfahren, sie haben sich nach oben und unten verbunden, und sie haben die Kräfte von links und rechts bekommen. Alles sammelt sich im Herzen und verbindet sich dort. Als Nächstes beginnen sie dann vielleicht mit der Formulierung ihrer Bitten für den Tag, oder der Bitten für die Ziele des Seins, um diese Kraft wieder in die Welt hinauszusenden, richtig?

Ja.

Was möchtest du nun den Menschen raten?

Diese Kräfte beginnen nun im Kosmos zu wirken und jeder Schritt sollte in Einklang mit diesen Worten beginnen. Als Nächstes sollte die Waschung kommen. Beginnt den Tag mit einer Waschung der Kräfte der Nacht. Wie jeder das mag.

Also in meinen Worten würde ich sagen, der eine geht duschen, der andere wäscht sich nur so.

Genau.

Und gibt es jetzt etwas zu beachten, wenn man in die Welt hinausgeht?

Das Wichtigste ist nun, bevor ihr in die Welt hinausgeht, um euren Taten zu folgen, die Bitte um Schutz. Dazu gibt es viele Möglichkeiten.
*Die leichteste Übung, um Schutz zu bekommen, ist **ein Wesen des Schutzes anzurufen, das euch begleiten soll und bei euch bleiben soll**, wenn ihr in der Welt wirkt. Die Namen dieser Schutzfiguren sind mannigfaltig, daher sollte jeder für sich herausfinden, welche Form er als beschützende Form wählt. Du kennst doch sicher auch die Talismane der Menschen.*

∞

Ja, stimmt, das sind von Steinen bis Puppen alles …

Das können solche Formen sein, die die Menschen um Schutz bitten.

Was geschieht dabei?

Der Mensch bittet eine „Energie des Schutzes" ihn zu beschützen. Die Form, das Objekt, das er dabei anspricht, ist nur eine Art „Brücke" in die eigentliche Energie, die über das Betrachten des Objektes leichter erreicht wird.

Ja, das macht Sinn. Also hilft die Form, die man wählt der Bewusstwerdung, dass es eine Energie gibt, die einen beschützt. Schaut man sie an, wird man sich dieser deutlicher bewusst und sie kann deutlicher wirken, weil man sich ihr öffnet. Habe ich das richtig verstanden?

Das hast du toll erklärt. Denn genau so ist es.

Dann geht man also in die Welt hinaus, nachdem man einen Schutzgeist angerufen hat, der einen beschützt.

Ja.

Was kann man noch tun?

*Das Nächste, was man tun kann, ist; **man nimmt reinigende Kräuter oder Harze mit sich in die Tasche,** diese bleiben dann im Aurafeld der Menschen und dort können sie dauerhaft reinigend wirken. Ich möchte betonen, dass die Kräu-*

ter die Auraschichten reinigen können, doch nicht den Geist. Das bedeutet, ich würde empfehlen, dass ihr beides tut. Nehmt Kräuter/Harze mit und nehmt die Bitte an das schützende Wesen zusätzlich wahr.

(Anmerkung der Autorin: Kräuter bzw. Harze sind in seiner Bezeichnung immer so etwas wie Weihrauch oder Salbei.)

Du hast gesagt, es gibt noch andere Möglichkeiten, was denn zum Beispiel noch?

Sehr viele. Einige können bestimmte Symbole tragen, die sie schützen können. Darüber gibt es Literatur, die euch hilft, schützende Symbole zu benennen.
Doch rate ich auch immer selbst zu schauen, welche Dinge mit einem in Resonanz gehen. Nicht alles, was den einen schützt, ist auch für den anderen hilfreich. Daher bitte ich um besondere Sorgfalt bei der Auswahl der Symbole, die euch schützen sollen.

Was ist noch wichtig ?

Die Formulierung der Erlaubnis. *Die Erlaubnis ist mit großer Vorsicht zu behandeln. Denn, um um Erlaubnis zu fragen, braucht man viel kosmisches Wissen. Dennoch ist es wichtig, dass wir diese Möglichkeit benennen. Denn der eine oder andere Leser dieser Zeilen wird weit genug sein, die Verantwortung, die damit einhergeht, zu tragen.*
Die Erlaubnis ist der größte kosmische Hebel, um die Kräfte des Kosmos zu bewegen. Der Mensch kann diese Hebel, wie

ich es nenne, bewegen mit seinem freien Willen. Dennoch ist jede dieser Bewegungen wie in einem vielfältigen Meer aus kraftvollen Energien vorsichtig zu behandeln. Ist ein Mensch klar und rein genug, dies zu tun, so kann er beim Verlassen des Hauses oder der Wohnung um Erlaubnis bitten, in der Welt den wahren lichtvollen Energien zu dienen._

Doch gleichzeitig kann er auch die Nicht-Erlaubnis aussprechen, *indem ihr beim Verlassen des Hauses benennt, was ihr nicht erlaubt. In etwa: „Ich erlaube nicht, dass negative Kräfte meinen Tag bestimmen. Ich erlaube den liebevollen und lichtvollen Energien des Kosmos mich zu begleiten und zu führen.“*

Diese Erlaubnis gleicht einer Einladung, die mit Vorsicht zu genießen ist. Die Kräfte des Kosmos bleiben verbunden, bis wir die Verbindung lösen. Selbst dann sind wir nie alle voneinander getrennt. Dennoch bedeutet die Einladung wie auch die Erlaubnis, eine große Verantwortung zu tragen, für sich selbst, für alle resonierenden Energien sowie die Kräfte, die man ruft.

Die Nicht-Erlaubnis dagegen bedeutet eine deutliche Kommunikation der Begrenzung, die man auf Grund seines freien Willens ziehen darf. Diese Grenze ist wiederum nur geistig, nicht energetisch. Doch dazu werde ich ein andermal noch mehr berichten, wenn wir das Thema Erlaubnis noch tiefgreifender erläutern. Es ist ratsam, das Thema separat zu behandeln.

Nun haben wir die fünf Regeln der beginnenden Hilfe aufgezeichnet. Diese fünf Regeln könnt ihr jederzeit und jeden Tag wandeln, doch bleibt bitte bewusst und handelt immer in Licht und Liebe.

∞

Gut, dann gehen die Menschen in den Tag hinaus. Gibt es denn nun irgendetwas, was sie weiterhin zu beachten hätten? Sie haben um Schutz gebeten und sie haben gleich am Morgen ihre Wünsche und Ziele formuliert. Gibt es etwas, was sie im Laufe des Tages beachten sollen?

Die Kraft muss hell bleiben. Das heißt, die Menschen sollen darauf achten, dass die Energie bei ihnen durch den ganzen Tag hinweg lebendig und liebevoll fließt. Spürt ihr Kraftlosigkeit, dann reagiert darauf und nehmt euch einen Moment der Stille. Spürt ihr Angst, dann begebt euch in einen anderen Zustand, der euch wieder in das Vertrauen bringt.
Bleibt miteinander verbunden in Liebe und die Möglichkeiten und Chancen des Schicksals werden sich euch offenbaren.

276

Sollen sie vielleicht noch ein paar Dinge wissen, was das Essen angeht? Wir müssen uns schließlich im Laufe des Tages ernähren. Hast du dazu ein paar schöne Tipps?

*Das habe ich. **Bitte achtet darauf, dass das Essen reinigend wirkt.** Die Verköstigung von Fleisch ist nicht rein und die Verköstigung von Schweinefleisch ist es am allerwenigsten.*

Warum ist das so?

Das ist die Art des Wesens des Tieres, des Schweines, das vielfressend, ungefiltert isst, was es vor die Nase bekommt. Diese Tiere können leider nicht filtern, was positiv und was negativ für ihren Körper ist. Deswegen nehmen sie durchaus viele negative Felder auf. Die Art wie sie leben wiederum verschlim-

∞

mert die Programmierung, wie ihr es nennen würdet, der Körper, also des Fleisches dieses Tieres. Und diese negative Nahrung sowie die negative nicht verbundene Haltung dieser Tiere lässt das Fleisch negativ strahlen. Ich meine mit negativ nicht die beiden Pole, die ihr in eurer Schule lernt, die Pole von Strom. Die Negativität, die ich meine, ist die Kraftlosigkeit von kosmischen Energien. Kraftlosigkeit bewirkt Bewusstlosigkeit und Bewusstlosigkeit erschafft weitere negative Energiefelder. Diese Tiere nehmen negative Energiefelder auf und transformieren sie nicht. Das wiederum bedeutet, dass ihr im Verzehr dieses Fleisches diese negativen Energiefelder wieder aufnehmt. Das solltet ihr vermeiden.

Wasser solltet ihr viel trinken, denn es ist mit eines der besten Möglichkeiten die Reinigung voranzutreiben. *Dennoch bitte ich folgendes zu bewahren: Das Wasser ist, wie ihr in eurer Sprache sagen würdet, „programmierbar". Man kann es besprechen. Das ist wichtig, damit ihr wisst, dass es die Möglichkeit gibt, dass ihr Nahrung in Form von Getränken zu euch nehmt, die besprochen sind. Wer sich ein wenig energetisch auskennt, weiß, dass man Wasser liebevoll besprechen kann und diese Kraft bleibt in ihm erhalten und dann beginnt die Nahrungsaufnahme dieser besprochenen Energien über das Wasser. Das kann natürlich in alle Richtungen angewandt werden. Die positive Besprechung ist die einzig richtige Richtung. Der Verzehr von versüßten Dingen ist auch nicht nur positiv. Denn diese Droge Zucker benebelt den Geist wie eine Droge. Dies ist nicht zu unterschätzen. Nur weil es nicht als Droge in eurer Welt bezeichnet wird, ist es dennoch etwas, wovon ihr abhängig werden könnt und bei Entzug sehr in Ungleichgewicht fallt.* ***Daher bitte ich darum, die Aufmerksamkeit sehr***

auf die Verringerung des Konsums von Zucker zu legen.
*Des Weiteren bitte ich festzuhalten, dass meine Erfahrung gezeigt hat, dass die Konzentration der Menschen weniger wird, wenn sie die Kraft der Sonne erleben. Doch ist dies genau verkehrt. Die Sonne kann euch helfen, die Konzentration und Kraft wieder zu finden. Doch wisst ihr nicht wie. Daher bitte, kommuniziere den Menschen, dass es wichtig ist, in ruhigen Momenten der Stille sich **kurz mit der Sonnenkraft zu verbinden.** Diese Kraft hilft uns über viele Zustände hinweg. Die Kraft der Sonne bereichert eure Seelen mit viel Kraft. Diese Kraft verliert ihr, wenn ihr nicht in Verbindung mit der Sonne steht, daher beginnt dann eine Art Teufelskreis, wie ihr es nennt, denn wenig Kraft bedeutet wenig Bewusstheit. Wenig Bewusstheit bedeutet falsche Entscheidungen. Falsche Entscheidungen bedeuten Verunreinigung und damit viele negative Felder. Dies ist ein Teufelskreis, der letztlich über die Kraft der Sonne begonnen werden kann zu beenden.*

Bitte versuche ein bisschen detaillierter zu beschreiben, wie die Menschen sich mit der Sonne verbinden können.

Es ist sehr leicht, mit der Sonne in Kontakt zu treten. Teilweise reicht ein Blick mit geschlossenen Augen in die Richtung, wo die Sonne scheint, um ihre Kraft und Wärme zu fühlen. Die Momente dieser Erfahrung können euch eine vielfache Krafterhöhung schenken als ihr erreicht, wenn ihr nur im Bett liegt und oder meditiert. Die Verbindung mit der Sonne ist essentiell, weil sie die Quelle des Lebens ist und gleichzeitig auch die Quelle verschiedener anderer Energien, die ihr nicht wahrnehmen könnt. Besonders eurer Seelenkraft.

∞

Und sehe ich das richtig, dass diese Ausrichtung auf die Sonne auch nur mental geschehen kann und nicht mit einem wirklichen Blick mit geschlossenen Augen in die Sonne einhergehen muss?

Es geht darum, sie zu fühlen ... das kann man auch über die Erinnerung an das Gefühl. Man sollte mit der Wahrnehmung in ihre Richtung fühlen. Das heißt, nehmt alle eure Wahrnehmungen von der Außenwelt weg und richtet sie in die Richtung der Sonne. Dann beginnt eine Art Brücke zu entstehen, die die fließende Energie zwischen euch und der Sonne noch bewusster macht.

Dann ist es aber auch möglich, mit ihr in Kontakt zu treten über Meditation. Dabei beschleunigt die Kraft der Seele um ein Vielfaches durch die Kraft der Sonne. Doch muss jeder für sich selbst entscheiden, wann und wie er diese Quelle der Kraft fühlen will.

In jedem Fall aber rate ich euch, im Laufe des Tages mehrfach dies zu leben.

Was möchtest du als nächsten Schritt beschreiben, wenn wir den Tagesablauf eines Menschen weiter abschreiten wollen?

Der nächste Schritt ist der Abend. Wenn die Energie der Sonne beginnt sich zu verringern, dann ist dies der Moment, um verschiedene besondere Energien in euch zu erfühlen. **Die Nacht bringt das Licht in euch zum Scheinen. Der Tag bringt das Licht um euch hervor.** *Daher gilt: Wer es kann, versuche* **abends in die Meditation zu gehen.** *Das kann viele unterschiedliche Formen haben.*

∞

Wenn man den ganzen Tag draußen herumgelaufen ist, sich an Arbeitsplätzen und in Flugzeugen usw. aufgehalten hat, dann kann man sich doch nicht einfach hinsetzen und sagen: So, und jetzt meditiere ich. Gibt es da nicht eine Art Übergang?

Das ist richtig, danke. Das ist gut, dass du so genau nachfragst. Natürlich baucht es eine Art Übergang.
*Ich rate den Menschen deshalb, dass sie **bereits erste Momente nach der Arbeit versuchen, in die Stille zu gehen. Davor bitte ich jeden, die Hände zu waschen und den Mund.** Dort liegen viele Energien und wenn wir das Wasser nutzen, um dies kurz zu reinigen, hilft dies der Stille. **Dann nach der kleinen Waschung begebt euch in die Stille.** Lauscht, was sich euch hinter der Dunkelheit eurer Wahrnehmung zeigen mag. Lauscht den Gefühlen, den Worten und den Sinnen, die ihr habt. Dabei kann viel verarbeitet werden, doch **ist das Hauptaugenmerk dieser Übung die Weite der Seele,** die nach einem Tag voller verdunkelter Wahrnehmung nun ihr Licht zeigen darf.*

Das heißt, es steht jedem frei, was er jetzt macht. Ob er jetzt Mudras, Mantras, Trommeln nutzt ... alles mögliche ist erlaubt, richtig?

Das ist richtig. Solange es die Stille als absolutes Ziel hat.

Verstehe, also nach dem Krach machen, leise machen.

Genau.

Gut, und dann? Soll man dann zu Abend essen oder wie?

*Wer weise handeln will, nimmt **nur etwas Leichtes zu sich.** Nicht unbedingt schwere Kost wie Fleisch oder Kohlenhydrate. Ich möchte an dieser Stelle darauf hinweisen, dass der Körper nicht darauf ausgerichtet ist, Fleisch oder andere doch sehr schwermütige Produkte zu verdauen. Das Beste wäre leichte Kost, die den Körper nicht belastet. Doch ich weiß, dass es dazu schon viele Erkenntnisse gibt, die ich nicht hier erläutern möchte. **Erkundigt euch, was das Beste für euren Körper ist und lebt es.** Die Impulse, die ich gebe, sind vor allem energetisch, und ich meine, dass **jegliche fleischige Nahrung nicht rein ist** und wer reinigen möchte, braucht auch reine Nahrung.*

Wenn du sagst, Fleisch ist nicht rein, was ist denn dann rein?

Das Beste ist Gemüse am Abend zu essen.

Okay und dann, wenn man sein Abendessen zu Hause gegessen hat, möchtest du vielleicht noch eine Regel nutzen oder eine Regel einführen ... wenn wir essen, wie können wir das Essen positiv laden?

*Es ist relativ leicht und wurde früher auch mehr praktiziert. **Die Menschen können durch den Dank an das Mahl verunreinigte Formen entfernen.** Der Dank muss aus tiefem Herzen erfolgen. Dann wird das Essen positiv aufgeladen. Diese Ladung nehmen die Menschen dann auf und damit dann positive Energie.*
***Der nächste Schritt ist die Waschung vom Tage.** Vermittle den Menschen bitte, dass sie erste Wandlungen dadurch vollziehen können.*

∞

*Wenn es negative Erfahrungen gab aus dem Tag, dann können diese hier verwandelt werden in positive. Dazu braucht ihr das Gefühl, das ihr hattet während der negativen Erfahrung und nun fühlt das Wasser, wie es diese negativen Felder und die negative Erfahrung einfach von euch spült. Dabei ist es hilfreich, die Form der Reinigung **wie eine Lichtdusche** zu empfinden. Wer in Licht duscht, fühlt, wie die Negativität durch den Abfluss abfließt. Wer sich badet, stellt sich vor, in Licht zu baden und diese lichtvolle Kraft bei sich zu halten. Nur die negativen Felder verlassen durch den Abfluss den Raum, dann bleibt die positive Ladung bei euch. Und damit ist ein weiterer größerer Schritt in die Reinigung erfolgt.*

Gut und jetzt? Wenn die Menschen schlafen gehen ...

282

Das ist wichtig. Wenn ihr schlafen geht, bitte ich euch folgende Punkte zu befolgen:

1) Betet und bedankt euch für den Tag und seine Erfahrung.

2) Bedankt euch für die Kraft und die Führung des Lichtes.

3) Dann bittet den Schutzgeist um Schutz für die Nacht und lasst euch davon weiter umarmen. Ich sage umarmen, weil die schützende Kraft der Energien, die schützen können, wirklich wie eine Art Decke oder Wolke fühlbar ist, die sich um einen legt. Also, stellt euch vor, wie die warme, liebevolle Energie einer Schutzwolke die Form eures Körpers umschließt. Dann ist der Schutz vollbracht.

∞

4) Dankt dem Schutzgeist und bleibt in diesem Gefühl.

5) Dann könnt ihr gerne noch zum Einschlafen eine bestimmte Reise formulieren, die ihr in dieser Nacht mit der Seele vollziehen möchtet. Dies geht tief in euer Unterbewusstsein und wird von dort aus weitergeführt, während ihr im Bewusstsein schlaft.

Was ist mit der Erlaubnis in der Nacht?

Das ist nicht nötig, da hier der Schutz des Schutzgeistes reichen sollte. Es ist nicht wirklich nötig, dennoch kann die Erlaubnis oder Nicht-Erlaubnis auch angewandt werden, doch wie ich schon betont habe, nur für höhere Geister. Dies ist die hohe Schule des Kosmos, die dies erlaubt.

283

Und was ist mit der Einladung?

Nein, keine Einladung. Das wäre kontraproduktiv dem reinigenden Prozess gegenüber. Denn die Wesen der Reinigung verbinden sich mit euch, während ihr das Ziel eurer Seele formuliert und sind dann immer bei euch, auch des Nachts. Gerne könnt ihr natürlich die Einladung der Wesenheiten der Reinigung noch einmal aussprechen, doch ist dies nicht geschehen, ist dies auch nicht schlimm.

Nun sind die Menschen schon im Bett, gibt es noch irgendetwas, was man noch tun kann, was man wissen müsste?

Damit beginnt alles den Weg der Reinigung, was noch nicht

gereinigt ist.

Diesen Prozess und Weg sollte man nun jeden Tag weiterleben. *Besonders zu Beginn dieses Weges ist die **Disziplin** sehr wichtig. Denn der Kosmos prüft genau, wer WIRKLICH um die Reinigung bittet und wer nicht. Die Bitten werden erhört. Das Reinigen beginnt.* ***Doch wer nicht konzentriert ruft, wird auch nicht weit reinigen können.***

Das habe ich verstanden. Gibt es noch etwas, das du zum Abschluss dieses Kapitels hierzu sagen möchtest?

Die Menschen sollen bitte jede freie Minute nutzen, die Kräfte in sich zu konzentrieren. Reinigung ist wichtig und wer reinigt, ist weiter im Sinne von der Weite in seiner Seele. Er reinigt also nicht immer nur seinen Körper, sondern auch immer seine Seele mit. Dies wird belohnt mit dem Gefühl der Freiheit und Liebe, das mehr und mehr euer Leben bereichern wird. Nicht Mangel und Angst sind es, die den Tag vollziehen, sondern Liebe und Licht. Wer also die Möglichkeit hat, den Tag noch mehr der Reinigung zu widmen, ist in jedem Fall auf dem richtigen Weg.

Was ist denn mit den Menschen, die Kinder haben und dadurch ständig im Außen abgelenkt sind? Wie soll man denn dann diese Ruhemomente finden, die so wichtig sind, wie du gerade sagst?

Das ist tatsächlich nicht so einfach, doch wer wirklich reinigen will, findet die Möglichkeit, den Moment der Stille in sich zu finden, den es braucht, um jeden Tag ein kleines Stück mehr zu reinigen. Ich weiß, dass es geht. Doch ich weiß auch, dass

∞

man dazu konzentriert und wirklich bereit sein muss.

Daher bitte ich euch um Mut und Hingabe, diese kleinen Stufen zu gehen, jeden Tag ein Stückchen mehr. Ihr werdet reich belohnt, reich an Licht, Kraft und Liebe in euch. Dieses Gefühl ist das höchste Gut im Kosmos, denn es bleibt bestehen und vergeht nie, wenn ihr es rein haltet. Diese Verantwortung liegt bei jedem von euch.

Danke. Liebe.

Zusammenfassung:

1) Morgendliche Besinnung

2) Das Dreieck zur Öffnung

3) Das Kreuz zur Zentrierung

4) Die Bitte mit der Herzenskraft

5) Waschung

6) Die 5 Regeln des Schutzes:

    a) Die Bitte um Schutz

    b) Schutzwerkzeuge

    c) Die Erlaubnis

    d) Die Nicht-Erlaubnis

    e) Die Einladung

7) Halte täglich die Verbindung mit der Sonne

8) Meditation

9) „Reine" Nahrungsaufnahme

10 Waschung

11) Dank und Gebet für die Nacht

12) Schutz für die Nacht

Das kosmische Dreieck

Vorbereitung:
Lockere, helle Kleidung tragen
Ein ruhiger Raum
Die Augen abdunkeln
Keine Schuhe, barfuss auf dem Boden, wenn möglich
Gerade stehen
Richtung Westen schauen/stehen

Ablauf:
1) Beide Arme ausstrecken, mit den Handflächen nach oben.

Die beiden Arme können auch nach oben gestreckt oder direkt vor das Herz gelegt werden. Die Frage ist nicht, wo die Arme sind, die Frage ist nur, was du empfindest, während du das tust, was du tust.

Fühle, wie die Kraft aus deinen Händen fließt und der Kosmos diese Kraft erwidert und speist. Die dritte Kraft ist der Kosmos.

2) Nun stell dir vor, als würde dein Kopf ebenso Energie aufnehmen können wie die Handflächen.

Dabei beginnt der Körper sich zu weiten und die Ausrichtung der Seele weiter und liebevoller zu werden, da die Wahrnehmung nicht mehr auf das rein Körperliche gelenkt wird, sondern beginnt, den Kosmos zu erfühlen.

∞

Diejenigen unter euch, die glauben, dass Figuren nötig sind, um die Verbindung zu fühlen, diejenigen können versuchen, den Kosmos zu fühlen - die Weite, seine Größe, die Liebe und die Kraft in ihm als Ganzes fühlen. Es ist nicht leicht, doch ist es leicht. Es ist eine Frage der Erwartungshaltung. Wer nicht erwartet, dass er nun eine Energie fühlt, die greifbar, personifiziert, ansprechbar ist, der ist in der Anrufung des Kosmos besser als derjenige, der eine mit menschlichem Geist verständliche Form erwartet.

Der Kosmos hört alles, deswegen ist es wichtig, dass du die Worte, die du formst, liebevoll und lichtvoll formst. Die Resonanzen auf diese Worte beginnen nämlich sofort im Kosmos zu wirken.

3) Und dann, wenn du fertig bist, beende die Kommunikation mit einem **„Danke"**.

Die Absicht dahinter ist wichtig. Ein Abschluss muss geschaffen werden, damit alle Energien beginnen können zu fließen.

Der liebevollste und kraftvollste Impuls ist, wenn man **„Danke"** sagt und **„Liebe"**.

„Danke. Liebe." aussprechen

4) „Ich bitte um Schutz und Versiegelung für den Tag" aussprechen

5) „Danke. Liebe." aussprechen

Das kosmische Kreuz - Einsteiger [*]

Vorbereitung:
Lockere, helle Kleidung tragen
Ein ruhiger Raum
Die Augen abdunkeln
Keine Schuhe, barfuss auf dem Boden, wenn möglich
Gerade stehen
Ausrichtung Westen

Ablauf:
1) Gerade stehen, Arme seitwärts am Körper hängend, die Handfläche nach OBEN öffnen, als würde man den Boden mit dem Handrücken berühren wollen.

2) Sprich folgende Worte:
„Ich bitte um die Verbindung mit der kosmischen Kraft von oben."
Energie von oben fließt durch dein Kronenchakra in den Körper und erschafft das Gefühl einer Energiesäule. Mehr und mehr entsteht dabei ein Gefühl, als würde man von Kopf bis Fuß und noch tief in die Erde hinein Wurzeln unter seinen Füßen bekommen. Dieses Gefühl stabilisiert sich .

3) Nun die Arme seitwärts am Körper hängend belassen und die Handfläche nach UNTEN öffnen als würdest du nun mit der Handfläche den Boden berühren.
Sprich folgende Worte:

* ein Jahr lang täglich am morgen und nur einmal am Tag

„Ich bitte um die Verbindung mit der kosmischen Kraft von unten."

Dabei greifst Du das Gefühl der Verwurzelung deiner Füße auf und fühlst nun wie die Energie über diese tiefen Wurzeln durch deine Beine immer weiter der Energiesäule in dir entlang fließen. Sie treffen sich im Herz, wo die Energie von oben bereits geflossen ist.

4) Die Arme nun waagerecht wie die Schwingen eines Adlers im Flug ausbreiten. Die linke Handfläche nach oben drehen und sprechen.

„Ich bitte um die Verbindung mit der kosmischen Kraft von links."

Fühle wie die Energie von links in Richtung deines Herzens fließt. Ist diese Kraft im Herzen dann spürbar, drehe die rechte Handfläche nach oben und sprich weiter:

5) „Ich bitte um die Verbindung mit der kosmischen Kraft von rechts."

Alle diese Kräfte fließen nun im Herzen zusammen, dort, wo das Verbindungstor in die Seele ist.

Dann atmet der Körper meist tiefer, weil er beginnt, die Kraft der Seele noch deutlicher zu spüren. Die Aufmerksamkeit ist nun im Herzen, und dort kann diese Kraft noch etwas nachempfunden werden.

6) Die Menschen, die ihre Herzenswünsche noch etwas formulieren möchten, können nun die Hände langsam vor ihrem Herzen zusammenfalten und weitere Gebete sprechen.

Diese Worte werden nun mit dieser zentrierten Energie noch kraftvoller in den Kosmos gegeben.

Diese Kräfte beginnen nun im Kosmos zu wirken und jeder Schritt sollte in Einklang mit diesen Worten beginnen.

7) Das Gebet abschließen mit: „Danke. Liebe."

8) „Ich bitte um Schutz und Versiegelung für den Tag.

9) Danke. Liebe."

290

Das kosmische Kreuz-Fortgeschrittene *

Vorbereitung:
Lockere, helle Kleidung tragen
Ein ruhiger Raum
Die Augen abdunkeln
Keine Schuhe, barfuss auf dem Boden, wenn möglich
Gerade stehen
Ausrichtung Westen

Ablauf:
1) Gerade stehen, Arme seitwärts am Körper hängend, die Handfläche nach OBEN öffnen, als würde man den Boden mit dem Handrücken berühren wollen.

2) Sprich folgende Worte:
„Ich bitte um die Verbindung mit der kosmischen Kraft von oben."
Energie von oben fließt durch dein Kronenchakra in den Körper und erschafft das Gefühl einer Energiesäule. Mehr und mehr entsteht dabei ein Gefühl, als würde man von Kopf bis Fuß und noch tief in die Erde hinein Wurzeln unter seinen Füßen bekommen. Dieses Gefühl stabilisiert sich .

3) Nun die Arme seitwärts am Körper hängend belassen und die Handfläche nach UNTEN öffnen als würdest du nun mit der Handfläche den Boden berühren.
Sprich folgende Worte:

* nach dem 1. Jahr Kosmisches Kreuz (Einsteiger) je morgens u. nur 1x am Tag

„Ich bitte um die Verbindung mit der kosmischen Kraft von unten."

Dabei greifst du das Gefühl der Verwurzelung deiner Füße auf und fühlst nun wie die Energien über diese tiefen Wurzeln durch deine Beine immer weiter der Energiesäule in dir entlang fließen. Sie treffen sich im Herz, wo die Energie von oben bereits geflossen ist.

4) Die Arme nun waagerecht wie die Schwingen eines Adlers im Flug ausbreiten. Die linke Handfläche nach oben drehen und sprechen.

„Ich bitte um die Verbindung mit der kosmischen Kraft von links."

Fühle wie die Energie von links in Richtung deines Herzens fließt.

5) Ist diese Kraft im Herzen dann spürbar, drehe die rechte Handfläche nach oben und sprich weiter:

„Ich bitte um die Verbindung mit der kosmischen Kraft von rechts."

Alle diese Kräfte fließen nun im Herzen zusammen, dort, wo das Verbindungstor in die Seele ist.

Dann atmet der Körper meist tiefer, weil er beginnt, die Kraft der Seele noch deutlicher zu spüren. Die Aufmerksamkeit ist nun im Herzen, und dort kann diese Kraft noch etwas nachempfunden werden.

Wer das kraftvoll wirkende kosmische Kreuz schon oft gemacht hat und die Verbindung schon schnell und deutlich fühlen kann, der kann hier jetzt beginnen, die nächste Stufe der Energiezufuhr in seinen Körper und seine Seele zu erfahren.

6) Die Arme nach vorne oben Richtung Sonne heben, die Handflächen leicht geöffnet wie einen Kelch, als würde man die Sonne anfassen wollen.

„Ich bitte um die Verbindung mit der kosmischen Kraft der Sonne."

Dazu visualisierst du die Sonne, ob groß oder klein ist nicht relevant, und fühlst, wie die Energie aus ihr von vorne in deinem Herzen zusammenfließt.

7) Nun bitte die Arme langsam wieder nach unten seitwärts am Körper senken und die Handflächen nach unten zum Boden richten. Der Energiestrom müsste schon so stark sein, dass feinfühlige Menschen die Arme nicht direkt am Körper halten können sondern leicht vom Körper abstehend, ca 20 cm, wie schwebend im Raum.

„Ich bitte um die Verbindung mit der alles durchdringenden, alles erschaffenden Kraft der Quelle."

Fühle, wie sehr sich dabei deine Seele noch mehr weitet. Visualisiere den Raum um dich herum, dann das Haus, in dem du bist, das Land, bis zum Horizont, dann die ganze Erde und dann den Kosmos. Fühle wie ALLES um DICH ist, wie die Luft um dich Teil der Energie der Quelle ist, und wie sie dich durchdringt. Werde eins mit allem, jetzt und hier.

8) Ist das Gefühl der Körperlichen Sensoren überwunden und die Kosmische Kraft um uns wahrgenommen, so bringe die Arme in eine Art Waagestellung seitlich vom Körper. Dabei die Ellenbogen eingewinkelt, wie eine Waage und sprich:

„Ich bitte Anubis um Ausgleich meiner Seele, wo sie noch nicht ausgeglichen ist."

Fühle, wie die ausgleichende Energie von Anubis durch dich hindurchfließt und dich stabilisiert.

9) Ist dies geschehen, so rufe die Wesenheiten, die für dich symbo-

lisch helfende Energien darstellen, und bitte sie um Hilfe für das, was
du wünschst.(In Abstimmung mit der Erlaubnis)
„Ich bitte um die Verbindung mit XXX .“

**10) Die Menschen, die ihre Herzenswünsche noch etwas formu-
lieren möchten, können nun die Hände langsam vor ihrem Herzen zusammenfalten und Gebete sprechen.**
Diese Worte werden nun mit dieser zentrierten Energie noch kraftvoller in den Kosmos gegeben.
Diese Kräfte beginnen nun im Kosmos zu wirken, und jeder Schritt
sollte in Einklang mit diesen Worten beginnen.
Das Gebet abschließen mit: „Danke. Liebe.“

11) „Ich bitte um Schutz und Versiegelung für den Tag.

12) „Danke. Liebe.“

Nachwort

So vieles ist gesagt und geschrieben über die Übergänge in das Leben und aus dem Leben heraus. So viele Menschen berichten von ihren Wahrnehmungen in den Übergängen, die dann doch keine wurden. Und doch haben wir bis heute mehr den Märchen der Religionen geglaubt als unseren eigenen Empfindungen.

Dieses Buch hat mir erneut einen tiefen ganzheitlichen Einblick in die komplexen kosmischen Vorgänge verschafft und vor allem hat es mir einmal mehr die Eigenverantwortung eines jeden unserer Schritte nahe gebracht. Wir ganz allein sind die Lenker unseres Schicksals, jeden Tag aufs Neue. Jeden Moment. Diese Eigenverantwortung ist die Prüfung unserer Seele und wer sie erkannt hat, wird reichlich belohnt - mit Liebe, mit Fülle und mit Kraft. Nichts davon können wir mit Geld kaufen, da all dies in uns steckt.

Anubis ist kein schwarzer Schakal, aber es begleitet unsere Seelen in den Übergängen. Mein geliebter Lehrer, Freund der Indianer, hat uns tief eingeweiht in die einzelnen Schritte und Stufen all dieser Prozesse des einen Ganzen. Des Seins.

Wissen zu erfahren formt Bewusstsein. Jeder geschriebene Buchstabe der Wesenheiten ist daher nicht nur ein Geschenk an die Menschheit, sondern auch an mich selbst. Und dieses erlangte, geformte Bewusstsein trägt zwei weitere Früchte mit sich:

Liebe und Dankbarkeit.

Ich danke all den kosmischen Kräften, dass sie mir erlauben, dies zu tun und ich hoffe, dass dieses Wissen in die Ewigkeit in euren Seelen klingen, euch bewegen und euch befreien wird. Doch vor allem hoffe ich, dass ihr es nutzt, um die Liebe und die Freude als Kräfte anzuerkennen, die größer sind als alles, was wir je kannten und kennen werden, doch vor allem heilsamer als jedes Medikament aus Menschenhand.

Wir müssen all dies nur erkennen. Eine Heerschar an Helfern steht bereit, um uns auf diesem Weg zu begleiten - wir müssen sie nur rufen.

In Liebe und Verbundenheit.

Danke. Liebe.

Sylvia Leifheit

PS: Ich möchte dieses Werk lebendig halten, daher bitte ich Euch, mir zu schreiben - sollte ich noch Fragen vergessen haben. Ich werde diese in der nächsten Auflage beantworten lassen: contact@silverline-publishing.com

Das neue Kybalion*

Aufgrund meiner eigenen Erfahrungen und Erkenntnisse möchte ich
diese Gesetze nun etwas korrigieren und dadurch vervollständigen.

1. Das Prinzip der Mentalität:
Das All ist Geist, der Kosmos ist geistig. Alles ist mit allem verbunden.

2. Das Prinzip der Entsprechung:
Wie unten, so oben, wie oben, so unten.

3. Das Prinzip der Schwingung:
Nichts ist in Ruhe, alles ist in ständiger Bewegung.
Aus sich heraus und in sich hinein sind die zwei Richtungen
dieser Bewegungen.

4. Das Prinzip der Resonanzen:
Die Resonanzen agieren und reagieren in Form von Ursachen
und Wirkungen zu- und miteinander.

5. Das Prinzip der Bewusstheit:
Energie ist Bewusstsein.
Bewusstsein formt Wahrnehmung –
Wahrnehmung formt Aufmerksamkeit.
Aufmerksamkeit formt Bewusstheit.
Bewusstheit formt bewusstes Sein.

∞

6. Das Prinzip der Reinheit:
»Verunreinigung« ist der Auslöser für das Wachstum des Bewusstseins.

7. Das Prinzip der Transformation:
Die Gesetze sind ewig, der Geist ist ewig, aber wandelbar – von Zustand zu Zustand, von Grad zu Grad, von Lage zu Lage, von Schwingung zu Schwingung …

Die Gesetze der Dualität – wie Polarität, Geschlecht und Rhythmus – sind keine universellen Gesetze, sondern sie gelten nur in der grobstofflichen Materie bis in die erste Energiewelt hinein, aber nicht über sie hinaus.

299

* Aus „Das 1x1 des Seins"

Die zehn Gebote des Neuen Zeitalters *

SEI IN VERBUNDENHEIT

Alles ist mit allem verbunden. Es gibt keine Trennung außer der Illusion einer Trennung, die du selbst (er-)schaffst.

SEI GÖTTLICH

Du bist Gott. Du bist der Schöpfer deines Lebens – niemand anderes.

SEI VERANTWORTUNGSVOLL

Du trägst die Verantwortung für alles, was du tust oder nicht tust.

SEI MUTIG

Du entscheidest. Auch nicht entscheiden zu wollen ist eine Entscheidung.

SEI WACHSAM

Öffne dein Herz. Bewusstes Sein entsteht in deinem Herzen. Deine Bewusstheit bestimmt deine Wahrnehmung, und diese formt deine Erfahrungen und damit dein Wirken. Vertrauen und Hingabe sind Schlussfolgerungen der Herzöffnung.

SEI RESPEKTVOLL

Begegne den Menschen, Tieren und Pflanzen mit Respekt. Respektlosigkeit ist eine Form der Trennung. Sei dir bewusst, dass diese Trennung Resonanzen hervorruft, die dir schaden können.

SEI BEWUSST

Du bist ewig. Du bist Energie mit einem Bewusstsein, die nie verge-

∞

hen kann und durch die Zeiten, Welten und die Planeten reist.

SEI LIEBEVOLL
Liebe oder Macht. Niemand hat Macht über dich und dein Leben. Alles, was du tust – liebe es! Lieben heißt, bewusst zu sein.

SEI DANKBAR
Das Leben ist ein Geschenk, jeder Moment kehrt nie wieder zurück, daher sei dir dieser Kostbarkeit des Seins bewusst. Lebe den Moment, als sei er dein letzter hier auf diesem Planeten und in dieser Form.

SEI DIR DEINES WERTES BEWUSST
Du bist wertvoll und einzigartig. Niemand hat das Recht, dir Leid zuzufügen.

* Aus „Das 1x1 des Seins"

Bezugsquellen

Zum Stabilisieren der Energie:
Weihrauch Oman
http://www.bitto.at/

Schutz:
Ich habe lange gesucht, um ein universelles Werkzeug zu finden. Es ist leider nicht sehr günstig, aber dennoch hat es mich durch wirklich dauerhafte Effizienz überzeugt. Man sollte bei diesem Thema nicht sparen, da es essentiell für unser seelisches Wachstum ist. Dieses Produkt baut für den Träger ein Schutzfeld, das nach meinen Erfahrungen wirklich dauerhaft bestehen bleibt, ohne dass wir bewusst etwas dafür tun müssen. Man muss es nicht zwingend am Hals tragen, sondern nur in Körpernähe.
„Om Tat Sat Anhänger"
http://www.fostac.de

Weitere Werke von Sylvia Leifheit

(Leseproben und E-Book Ausgaben erhältlich)

Das 1x1 des Seins
Fachbuch - ISBN: 978-3941837478

JAVAH
Roman - ISBN: 978-9962-702-01-6

Interviews mit den Wesenheiten von Abadiânia (Band 1)
Fachbuch - ISBN: 978-9962-702-04-7

Einweihung in die Geheimnisse des Kosmos (Band 1)
Fachbuch - ISBN: 978-9962-702-15-3

Einweihung in den energetischen Jahreskreis (Band 2)
Fachbuch - ISBN: 978-9962-702-17-7

Einweihung in die Lebensweisheiten König Salomon´s (Band 4)
Fachbuch - ISBN: 978-9962-702-25-2

Einweihung in die Kartografie der feinstofflichen Welten (Band 5)
Fachbuch - Teil 1: ISBN: 978-9962-702-32-0
              Teil 2: ISBN: 978-9962-702-33-7

„Es gibt keine Grenzen, außer die unserer Wahrnehmung."
Sylvia Leifheit

Danke.

Liebe.